说话有趣，做人知趣

桂斌 编著

中国纺织出版社有限公司

内 容 提 要

我们想要在现今社会立足，不会说话、不会做人就很难抓住成功的机会。要想人际关系和谐、事业成功。对我们来说，最重要的原则之一就是——说话有趣，做人知趣。

本书分上、下两篇，从生活中的常见场景出发，列出了具体的训练方法，以轻松睿智的笔触为我们阐述了说话和做人的诀窍，从而教会我们如何提高说话能力，提升做人的情商，相信会对广大读者有所帮助。

图书在版编目（CIP）数据

说话有趣，做人知趣 / 桂斌编著. --北京：中国纺织出版社有限公司，2019.11
ISBN 978-7-5180-6240-9

Ⅰ.①说… Ⅱ.①桂… Ⅲ.①语言艺术—通俗读物
Ⅳ.①H019-49

中国版本图书馆CIP数据核字（2019）第099269号

责任编辑：郝珊珊　特约编辑：王佳新
责任校对：江思飞　责任印制：储志伟

中国纺织出版社有限公司出版发行
地址：北京市朝阳区百子湾东里A407号楼　邮政编码：100124
销售电话：010-67004422　传真：010-87155801
http：//www.c-textilep.com
E-mail：faxing@c-textilep.com
中国纺织出版社天猫旗舰店
官方微博http：//weibo.com/2119887771
三河市宏盛印务有限公司印刷　各地新华书店经销
2019年11月第1版第1次印刷
开本：710×1000　1/16　印张：12
字数：182千字　定价：39.80元

前言

我们都知道，自从我们来到这个世界，就在学习两项技能，一项是说话，一项是做人。有人说，说话难，做人更难。的确，人生不易，为了获得必要的生存条件和实现自己的人生价值，我们每个人都在努力，也同时面对着巨大的压力。而一个人，不管多能干，多聪明，背景条件多好，如果不掌握一定的说话技能和做人诀窍，那么只能是事倍功半，最终的结局肯定是失败的。

我们发现，生活中，那些受人欢迎、幸福指数高的人多半都是会说话、会做人，因此，他们常告诫身边的朋友：会说话的人受欢迎，会做人的人最出众。他们懂得“话不说满、事不做绝、谨慎交友”的原则和底线。无论是生活、感情还是事业，他们都处理得游刃有余。

现在，我们来想想看，在我们周围，是不是有这样的人：他们看起来并不出众，但就是走到哪里都受到别人的欢迎，成功也比别人来得更快！这是因为他们懂得说话。事实上，任何一个成功者，他们的秘密都在于掌握了说话的技巧，总是能说出让别人感到愉快的话。并且，这些能说会道的人也都具备一种魔力，他们总是能用语言引导他人，让别人跟着他的思维走，为他所用。

的确，口才好、会说话的人总是能左右逢源，能得到那些素不相识的人的支持，能带动交际场合的说话氛围，能高效解除与他人之间的误会，能说服他人、达到自己的目的。

会说话更是一种立足社会的能力，卓越的口才是增加自身魅力的砝码，更是让你在生活中、在职场中御风而行的有力武器。好的口才可以改变一个人的命运，可以帮助你成就一番事业。

当然，我们除了要会说话以外，还必须懂得如何做人。你是否发现仅靠着一副好心肠、一颗慈善心很难应对面临的挑战？是否发现，为人处世直来直去总是得罪人？的确，当今社会，人心日趋复杂，竞争几近激烈，与人打交道，最重要的是要“知趣”。“知趣”是一种对自我的准确认定，是适当有点“心眼”“心计”，这样会使你进退自如、游刃有余。“知趣”会让你办事一路畅通，人际关系和谐融洽。

可见，若你练就了独到的说话办事的能力，真正做到说得入木三分、凡事能办得圆融完善，那么在任何情况下你都是魅力四射的焦点。

现代社会，说话有趣和做人知趣可以说是现代人综合素质的最佳体现，更是笑傲职场、谋求幸福人生的重要资本。倘若你想做个幸福、聪明的人，假若你想寻找到成功处世的捷径，假若你想做到事业成功，假若你想提升自己的幸福指数，那么，本书都能为你提供有价值的参考，让你尽随心愿。

编著者

2018年5月

目录

上篇　说话有趣人人喜

下篇　做人知趣事事顺

说话有趣人人喜

◆第01章◆

能说会道，掌握了语言艺术就增强了人生的色彩

我们发现，生活中，那些能说会道、深谙语言艺术的人，往往能在充满激烈竞争的社会中脱颖而出。的确，言语是思想的衣裳，谈吐是行动的翅膀，好的语言如同好的色彩，易让人感受到你的为人，能有效发挥沟通的作用。因此，我们每个人，都要努力提升自己的语言能力，使自己成为一个受人欢迎的人。

语言能力的高低，影响着一个人的成功和失败

说话，不仅是一种生理功能，更是一种能力。是否能说，是否会说，以及与言谈相关的知识能力的多寡，影响着一个人的成败。

每个人都会说话，但每个人说话的效果却千差万别。为什么会这样呢？原因在于说话的方法，说话的能力差异，也就是我们所说的说话水平的高低。说话，不仅是一种生理功能，更是一种能力。口才体现了“说得出的能力，做得到的成就”，一个人才不一定有好口才，但一个有口才的人一定是个人才。

生活中常有生死荣辱系于一言之说。试看会说话的人，纵然口若悬河，滔滔不绝，听者也不以为苦；纵然片言只语，一字千金，也能绕梁

三日。语言是种神奇的东西，一句话说得好，可以说得人笑；一句话说得不好，可以说得人跳。一句话可以化友为敌，引发一场争论甚至导致一场战争；一句话也可能化敌为友，冰释前嫌。可见，在现代交际中，是否能说，是否会说，以及与言谈交际相关知识能力的多寡，实在影响着一个人的成功和失败。

成功的秘诀非常多，而口才是最重要的因素之一。事业的成功与失败，往往决定于某一次谈话。在富兰克林的自传中，有这样一段话，“说话和事业的发展有很大的关系，你出言不慎，将不可能获得别人的合作，别人的帮助”。这是千真万确的，所以，你想获得事业的成功，必须具有能够应付的口才。

在今天这样的文明信息时代，探讨学问、接洽事务、交际应酬、传递情感等都离不开口才。谈吐是思想的衣裳，在粗劣或优美的措辞中，展现不同的品格，在不知不觉，有意无意间为别人描绘自己的轮廓和画像。

成功的人大多是聪明的说话者，毫不夸张地说，在成功的人身上，至少有一半是用舌头去创造的。他们正是依靠出众的口才，因而被朋友尊敬，被社会认同，上得青睐，下得爱戴。他们共有的特质表现为：能就众人熟知的事物提出独到的观点；有广阔的视野，谈论的题材超越自身生活的范畴；充满热情，使人对他的话题兴趣盎然；有自己的说话风格……细细想来，成功人士的说话特质，我们何尝不具有呢？只要肯下功夫练习，每个人都可以成为口才大师、说话高手。

口才，其实是一个人的知识、气质、性格乃至思想观念的综合方面的反映。一个人必须不断地加强自身修养，同时拓展眼界和知识，才能进一步使口才成为事业腾飞的羽翼。

巧妙表达，让谈话深入人心

与人初次相逢，要想留下深刻的印象，你就要想方设法让你的谈话深入人心。要做到这点的关键是情热而语妙，措词得当，吐语自然。

一见如故，这是成功交际的理想境界。具有跟初交者一见如故能耐的人，就会朋友遍天下，做事就会左右逢源；反之，如果不善于跟陌生人交谈，就会在交际中处处受阻，事业也就难以成功。当今时代，对于人来说，交际面越来越广，跟初交者一见如故的交际才能越来越显出其重要性。要想让你的谈话深入人心，一般应从以下几个方面入手：

1．用话语进行试探，找出共同点

说好第一句话，仅仅是良好的开端。要谈得有味，谈得投机，谈得其乐融融，双方就必须确立共同感兴趣的话题。这就要在讲话时仔细观察对方，从他的兴趣、爱好、个性特点入手，初次见面要做到这一点，就要洞幽烛微，由细微处见品性。

生活在同一时代，同一国土，只要善于寻找，何愁没有共同语言？一位小学教师和一名泥瓦匠，两者似乎没有相同之处。但是，如果这个泥瓦匠是一位小学生的家长，那么，两者可以就如何教育孩子各抒己见，交流看法……只要双方留意试探，就不难发现彼此有对某一问题的相同观点、某一方面共同的兴趣爱好、某一类大家共同关心的事情。

2. 抓住时机，适时切入

陌生人之间交谈，除了了解对方，让对方多开口，还要看准情势，不放过应当说话的机会，适时插入交谈，让对方充分了解自己。陌生人如能从你切入式的谈话中引起共鸣、获取教益，双方会更亲近。

和陌生人谈话的开场白结束之后，特别要注意话题的选择。那些容易引起争论的问题，要尽量避免。为此，当你选择某种话题时，要特别留神对方的眼神和小动作，一旦发现对方有厌倦、冷淡的情绪时，应立即转移话题。

3. 好的告别语给人留下永久的记忆

能给对方留下深刻印象的告别语，会使对方感到意犹未尽，希冀下一次的交谈。如：

“祝您成功，恭候佳音！”——良好的祝愿会使对方受到鼓舞；

“今天有幸结识您，愿从此常来常往！”——热情洋溢的语言会使对方获得充分的肯定；

“如果什么时候路过这里，请到我的家做客，再见。”——邀请式的结束语使人感受到尊重，同时为以后的交往打下了伏笔。

要做到上述三条的关键是：情要热，语要妙。情热，就是有满腔热情，直率真诚，不虚假，不做作，不炫耀自己；语妙，就是措词得当，出言有礼，吐语生辉，幽默自然。

如果你是一个口才极棒，说话深入人心、铿锵有力而又能让人难以忘怀的人，那么你就容易体会到别人对你的信赖，体会到内心的满足感和成就感。有了这样的魅力，你就有了打开财富宝藏的钥匙。

好口才要有深厚的知识功底

好口才并不是天生的，好的口才是要有足够的底蕴作为基础的。人在学习语言技巧的同时，还应该提高自身的学识修养。

许多人和朋友在一起，或者与陌生人交谈，常常无话可说，于是就抱怨、哀叹自己天生没有一副好口才，或者埋怨自己太胆小。其实，这种想法是很片面的，好口才并不是天生的，也不是说胆子足够大就可以，好的口才是要有足够的底蕴作为基础的。写文章讲究“读书破万卷，下笔如有神”。说话其实和写文章是同一个道理，只有自己看的东西多了，才能够妙语连珠，说出有水平、有见解、有说服力的话。

谁见过一个目不识丁的人能口吐莲花呢？好的口才是建立在深厚的学识基础之上的，如果脱离了这个根本，那么言谈就会成为“无源之水、无本之木”，淡而无味，哪里还能说服别人呢？因而，交谈最根本的条件是：既要有充实而有价值的内涵，又要善于表达，使人听得痛快，而且回味无穷。所以“有话可说”实在不是容易的事，要达到“言之有物”的境界，更要不断学习，力求充实自己。

缜密的思维，幽默机智的应答，准确的表达，这一切无疑都来源于头脑中的广博知识。一个人有内涵才能口吐莲花，妙语连珠，倾倒众人。要想使自己的语言具有艺术魅力，光靠技巧是不够的，一味地追求技巧而忽略自身的素质培养只能是舍本逐末。因此，我们在学习语言技巧的同时，还应该全面提高自身的学识修养。具体来讲，应该从以下几个方面多下功夫：

1. 广泛地阅读

爱看报纸和新闻的似乎多是男性，而作为女性，其实也不能脱离那些好像跟自己没有关系的政治大事。你不能成为一个“一心只知穿着打扮，两耳不闻窗外事”的人，除非你不说话，否则你一开口别人就能发现你的肤浅。

日常生活中，我们每天都离不开报纸、杂志和书。在读书看报时，备一支笔、一些卡片纸和一把剪刀，把所见到的好文章或让自己心动的话语划出来，或者剪下来，或摘抄在卡片上。每天坚持做，哪怕一天只记一二句，也是很有意义的。日积月累，在谈话的时候，会不经意地用上曾抄下来的语句，也许它们会随时随地从你的头脑里冒出来，让你尽情地谈吐。

2. 积累警句、谚语

在听别人的演讲或别人的谈话时，随时都可以听到表现人类智慧的警句、谚语。把这些话在心中重复一遍，记在本子上，久而久之，你谈话的题材、资料就越来越多，你的口才就越来越成熟了，你说起话来就可以条理清楚、出口成章了。

3. 关注生活，加强生活积累

很多人在和别人谈话的时候，别人都不爱听，那是因为他们缺乏生活的积累，说的都是一些不着边际的话。所以，要想有好口才，多加强生活积累显然也很重要。所谓“厚积薄发”是有一定道理的，因为言语是以生活为内容的。因此，对于身边的大小事情，都要经常关注，以汲取对自己有用的东西。对于所见所闻，都要加以思考、研究一番，尽量去了解其发生的过程、意义，从中悟出一些道理。这些都是学习和积累知识的机会。在日常生活中，要随时计划、安排、改进生活，随意性不能太强，让机会白白溜走。

你若想做一个说话高手，就应静下心来努力地学习，拓展自己的视野。你若不想说话空洞无物，就应下决心武装自己的头脑，让自己说话的内容丰富起来。

4. 运用好谈话素材

对于谈话的题材和资料，一方面要认真地去吸收，另一方面要好好地去运用。懂得如何运用，一句普通的话也可以带给你惊人的效果。学习吸收的目的是为了很好地应用，不能应用的吸收是毫无意义的。

良好的口才需要以深厚的文化底蕴为基础。口才是口与才的有机组合，没有知识的伶牙利齿，是“贫嘴”而非口才。广知才是口才的底蕴，构成了口才效应之源。要之，字字珠玑的绣口，源于满腹经纶的锦心，口才雄辩者非广知者莫可为。

动听的声音给人一种美的享受

说话不仅是一门学问，还是你赢得事业成功的资本。声音的魅力会给你带来好运气和财气，拥有完美的声音，就等于拥有了辉煌的前程。

生活中，人的声音常常比思想更重要。一个音色柔美动听的人，很容易被周围的人接受。女播音员的声音都很美，但她们的声音并不一定是天生的，大多数都是训练的结果。靳羽西是全球公认的最有气质的东方女性，她在刚开始当电视主持人的时候，曾经向语言专家请教说话的技巧。通过学习，她发现说话的声音越低越好听，也越吸引人。

人失去声音的魅力，就如失去人的特征。所以，每个人都应该像训练形体一样去训练声音，这能增加人的自信，赢得更多人的喜爱。那么，怎样才能使你的声音更完美呢？可以从以下几个方面着手。

1．注意发音的准确性

人们所说出的每一句话、每一个词都是由一个个最基本的语音单位组成，然后加上适当的重音和语调。正确而恰当地发音，将有助于你准确地表达自己的思想。这也是提高你的言辞智商的一个重要方面。相反，不清晰的发音将有损于你的形象，有碍于你展示自己的思想和才能。

2. 找准自己的音色

每个人的音域范围可塑性很大，或高亢，或低沉，或单一，或浑厚。聊天时，你必须注意控制自己的音色，不要让自己的声音尖刻刺耳。有时，为了获得一种特殊的表达效果，人们会故意降低音调。但大多数情况下，应该在自身音调的上下限之间找到一种恰当的平衡。

3. 充满热情与活力

响亮而生机勃勃的声音给人以充满活力与生命力旺盛之感。当你向他人传递信息、劝说他人时，这一点有着重大的影响力。当你讲话时，你的情绪、表情同你聊天的内容一样，会带动和感染你的听众。

4. 注意自己说话的语调

语调能反映出一个人的内心世界、他的情感和态度。无论你谈论什么样的话题，都应保持说话的语调与所谈及的内容相协调，并能恰当地表明你对某一话题的态度。

选择什么样的语调，有时比选择什么样的词汇更重要。同样的句子，用不同的语调处理，可以表达不同的感情，收到不同的效果。比如当你被问到是否能完成一件比较困难的工作时，用中等速度适当提高音量回答“我可以试试”，与用慢速轻声回答“我大概可以试试”，给人的感觉就会大不一样。前者充满自信，而后者会让人感到缺乏信心。有研究说，使用上扬语调易给听者造成悬念，提高他的兴趣，但若持续时间过长会引起疲劳。而降调能表现说话人的果敢决断，但有时也会显示他的主观武断。

5. 聊天时不要使用鼻音

在日常生活中，我们经常听到“……哼”“……嗯”的发音，这就是鼻音。如果你聊天时常常使用鼻音，肯定不会受到欢迎，因为你的声音让人听起来似在抱怨，毫无生气，十分消极。有些人将这种鼻音视为一种时髦的聊天方式，但如果你想让自己所说的话更具吸引力和说服力，如果你期望自己的语言更加富有魅力，那么从现在开始就别再使用鼻音。

6. 控制说话时的音量

声音太大了会让人反感，让人感觉是在装腔作势。但音量太小会使人听着费劲，误以为怯懦。一般要根据听者的远近，适当控制自己的音量，最好控制在对方听得见的限度内。试着发出各种音量大小不同的声音，并仔细听听，找到一种最为合适的、最易为人所接受的音量。

7. 注意聊天的语速

在语言交流中，语速的快慢将不同程度地影响你向他人传递的信息。语速太快如同音调过高一样，给人以紧张和焦虑之感。如果你聊天的语速太快，以至于某些词语含糊不清，他人就无法听懂你所说的内容。当然，如果语速太慢，又会令人逐渐丧失耐心，有焦躁沉闷之感。努力保持恰当的语速，不要太快也不要太慢，并在聊天时不断地调整。

“余音绕梁，三日不绝。”声音是语言的载体，声音动听，可以给人一种美的享受，使别人都爱听自己所说的话，所以我们在谈话的时候，要注意使自己的声音富有感染力，这样才能够打动别人。

言简意赅，要说到点子上

成大事者是那些谈话言简意赅的人。在不漏掉有用信息的前提下，越简洁越好。如果能常常有意地注意训练，那么必然会养成简洁的习惯。

一些大公司的门口，常写着这几个字："要简洁!所有的一切都要简洁!"这张布告提示我们：办事要简洁，长话短说是很必要的，因为喜欢赘言长谈的习惯已经不适用于今日了。

很多人以为口才就是口若悬河，夸夸其谈，实际上，这是一种误解。特定场合下也许用得上这种方式，但在更多的时候，这并非表示我们很有口才，相反，却会证明我们说话缺乏诚意，不负责任。因为这种说话方式很容易让人以为是夸大其词，而这必定会受人怀疑和轻视。

人们一般最厌恶的就是谈话抓不住重点、旁敲侧击、不着边际，结果，说来说去也使人无法把握住他谈话的要点，这样的人常常会让人厌倦。所以，那种谈话不直接爽快而喜欢绕圈子的人，虽然在业务上会下苦工，但往往做不成什么大事。

如果我们希望别人注意我们，必须创造或者借用一些绝妙的好词好句。多读读一些语言大师所写的书，挑选一些妙联佳句，学习一些有趣的名人名言，睿智的故事，在适当的场合不经意地脱口而出，都可以让别人开怀大笑。

言多众人忘，言少众人记。事后，听众记住了艾森豪威尔将军的"句点"，却忘记了那一部"长篇小说"。讲得多是一回事，讲得恰当、得体又是一回事。许多人都有喋喋不休的习惯。对此，只告诉他三个字，改掉它。否则后患无穷。

在不漏掉有用信息的前提下，越简洁越好。我们不要躲躲闪闪或拐弯抹角地说话，该说什么就说什么，这并不意味着我们品味低俗，而是说明我们有恰当的词汇可用，而没有进行不必要的掩饰。一般人总误解推销员是知得少说得多。自卖自夸，说得多了，反而会把顾客吓跑。通用电器公司的一位副总裁曾说过："我们在会议上投票表决，推销员为什么会失去推销机会。结果75%的人认为是说得太多了。"

总之，我们在说话时要记住简明扼要、引人注目这几个字。在话未出口时．先在脑子里构思一个轮廓，然后再按次序有条不紊地说出来就行了。如果我们使用的是电话交流的方式，最好事先把要谈的事情逐一列出，写在一张纸上，然后再说："我知道你很忙，有这么几件事需要和您讨论……"这样一来对方就很容易接受，从而愿意和你交谈。另外，谈事情要开门见山，语言表达简明扼要，这样也能提高办事的成功率。

做事爽直、谈话言简意赅的人最易成就大事。如果能常常有意地注意训练，集中思想，处事有条不紊、谈吐简洁明了，那么必然会养成简洁的习惯。

◆第02章◆

会哭的孩子有奶吃，会说话的人有意思

俗话说“会哭的孩子有奶吃”，意思是懂得表达的人更易得人心。的确，生活中，对于任何人而言，卓越的口才、有技巧的说话方式，不但是家庭幸福的法宝，事业发展披荆斩棘的利剑，更是增加自身个性魅力的砝码。当然，我们要想拥有卓越口才，还需要打好扎实基础，多具备修炼好口才的资本，如此才能在交际场合应对自如。

巧妙寒暄，打破沉闷的气氛

在某些沉闷的环境里，很多人不愿意开口跟陌生人说一句话，那是出于一种防备和自尊心理，在这种时候，你应该学会如何去激起说话对象的某种情绪，让他慢慢开始滔滔不绝。而这就需要我们多说些积极的话语。因为通常来说，人们在快与不快这两种情绪中，会下意识地选择快乐的情绪。

举个很简单的例子：设想你正在乘着火车，你已坐了很久了，而前面还有很长的一段路程。你想与他人讲讲话，而如果你对对方说：“真是一条又长又讨厌的旅程，你是否也有这种感觉？”“是的，真讨厌。”对方肯定会这样回答。而接下来，你会发现，无论你说什么，他对你的回应都会是草草应付。这是为什么呢，因为你的开场已经给他带来了不快的情绪。语言可以表现一个人的人格。

那么，什么是积极的语言呢？积极的语言就是能促进彼此交谈，增深彼此友情的带有积极意义的语言，比如说，说话要真诚等。

1. 用有积极意义的语言应对

比如，当你和陌生人说话时，对方对你的态度突然间冷淡下来，这时与其一个人冥思苦想："难道我说了什么伤感情的话？"不如直接试着问对方："我是不是说了什么失礼的话？如果有的话请您原谅。"这样一说，即使对方真的有什么不满，心有不悦的话，也会烟消云散。因为你的坦诚已经让他原谅了你。

2. 说话要真诚

由于说话态度不同，语言既可以成为建立和谐人际关系的最强有力的工具，也可以成为刺伤别人的利刃。如果没有发自内心的关怀的心情，即使用再多华丽的语言，也会被对方看穿。所以满怀真诚是最重要的。

3. 对方的优点或值得夸奖的地方要马上夸奖

夸奖陌生人，要比赞扬熟人难，因为彼此还不熟识。对此，我们需要细心观察，找出其可赞扬之处。比如，从对方的穿着、打扮、配饰开始："您今天穿的西服颜色真漂亮！"可是，却不能阿谀奉承或溜须拍马，因为对方明白，既是初次见面，你就说出这么多的恭维话，必定感觉得到你是在溜须拍马，而对你非常反感。所以，一定要说出真情实感。

4．不要说对方不爱听的话

使语言不成为“利刃”的最低条件是什么呢？那就是不要说对方不想听的话题。

对此，我们应慎选话题：不谈对方深以为憾的缺点和弱点；不谈上司、同事以及一些朋友们的坏话；不谈人家的隐私；不谈不景气、手头紧之类的话；不谈一些荒诞离奇、黄色淫秽的事情；不询问妇女的年龄、婚否、家庭财产等事情；不说个人恩怨和牢骚；不说一些尚未明辨的隐衷是非；避开令人不愉快的疾病详情，忌夸自己的成就和得意之处。这些都是对方敏感的话题，也是禁忌的话题。不说对方敏感的话题是建立和谐人际关系的准则。

总之，与陌生人说话，多说积极的话语，令对方感到振奋开心，这对于我们成功打开交际局面是大有帮助的，这也是我们必备的一项说话本领！

同理心：制造惺惺相惜的心理场

同理心是指在人际交往中，能够体会对方的情绪和想法，理解对方的立场和感受，并站在对方的角度思考和处理问题的能力。换句话说，同理心就是站在对方立场思考的一种方式。在既定的事情中，把自己当成对方，想象自己是由于何种心理导致了这样的结果，最后触发了整件事情。在整个过程中，由于自己先接纳了这种心理，所以也就接纳了对方的这种心理，最后谅解了这种行为和事情的发生，这与古人所说的“己所不欲，勿施于人”如出一辙。在人与人之间的沟通过程中，同理心始终扮演着重要的角色。利用同理心说话，就是我们站在对方的角度，同情、理解、关怀对方，接受对方的内在需求，并感同身受地予以满足。利用同理心说话，可以从对方言语的细微处体察对方的心理需求，从而通过语言表达出“惺惺相惜”的感觉，最终影响其心理。

那么，如何利用同理心说话，与对方惺惺相惜呢？

1. “你的话有一定的道理……”

当对方表露出与自己全然不同的想法时，你应该以同理心说话“你的话有一定的道理……”并通过语言分析强化对方想法的正确性，站在对方的角度，再进行积极引导，通过同理心产生的作用影响其心理，达到操控其心理的目的。

2. “如果我是你，我也会这样做”

汽车大王福特说：“假如有什么成功秘诀的话，就是设身处地替别人着想，了解别人的态度和观点。”于是，当对方说出了自己的决定时，我们应该强调对方这种做法的合情合理性，了解对方现在的心理矛盾，以感同身受影响其心理，再巧妙地说服对方。

3. “咱们都是一家人……”

当你仔细观察对方身上所具备的特征之后，你会发现在你们之间其实也有许多相同点，而我们需要的就是传递出“咱们都是一家人……”这样的信息，通过同理心来影响对方。比如“张先生，我也姓张，咱们五百年前可是一家人啊”“王姐，您也是东北人啊，真是太巧了，我也是东北的”。

4. “同是天涯沦落人”

相同的经历会有相同的感受，相同的感受自然会惺惺相惜，我们要巧妙地利用同理心说话，比如“你以前在广东工作过？我早些年也在广州工作过”“李姐，咱们做女人真的是不容易啊，既要照顾家庭，又要照顾孩子，生活压力真大啊”，以此来影响其心理，达到说服对方的目的。

句句在理，话不在多

那些会说话的人之所以会获得成功，并不在于他说了多少话，而在于他说的话在理。在日常生活中，我们常说“话不在多在理”，意思是，一个人说话不应该求多，而是求理，只要你说的话有道理，哪怕你只说了一句话，那也能达到很好的沟通效果；相反，如果你说的话根本没有道理，哪怕你说了上百句，也有可能达不到真正的沟通。

在生活中，我们经常看见有的人喋喋不休，滔滔不绝，可说来说去，都没有哪句话能占理，结果，可想而知，对方完全不想与你沟通，因为跟一个不讲理的人沟通简直就是吃力不讨好，既没能达成一致的意见，又伤了和气。而且，有的人根本就是无理取闹，由于说不过对方而恼羞成怒，结果，不管是不是在理都乱说一气，他这时的目的不在于沟通，而在于发泄怒气，当然，最终的结果是自己亲手建筑了彼此之间的“隔阂”。

1. 话说得越多，效果却越小

很多人在表达自己意见的时候，很想把心中所有想说的话都说完，但是，他们常常忽略了这样一个问题，那就是话说得越多，效果却越小。对方在听你说话的时候，常常是能听进少量的几句，对于重复过多的大道理，他们很排斥，根本不想去听。结果，你在那里啰唆了一大堆，对方却什么也没听进去。

2. 有理的话，三言两语即可

有道理的话，越短小越有效，通常是三言两句即可。当你向对方讲道理的时候，切忌话太多，而需要有理。并不是每个人都不愿意听人讲道理，但是，如果你总是一而再、再而三地重复那些老掉牙的事情，相信再好的耐心也被消磨殆尽了。因此，无论是我们向别人讲道理，还是表达自己的意见，需要记住“话不在多而在理”的道理。

表达理解，宽慰对方

被戴安娜王妃誉为“洁白的小天鹅”的英国著名童星艾莉在12岁时患上骨癌，准备截肢。手术前亲朋好友和热心观众都闻讯来探望、安慰她。有的说：“别难过，说不准还会出现奇迹，还有机会慢慢站进来呢!”有的说：“你是个坚强的孩子，一定要挺住，我们都在为你祈祷。”艾莉一言不发，默默地向所有的人有礼貌地以微笑致谢。戴安娜也来到了小艾莉的病床前，她把艾莉搂进怀里说：“好孩子，我知道你一定很伤心，痛痛快快地哭吧，哭够了再说。”艾莉一下子泪如泉涌。自从得了病以后，什么样的安慰话都听过，就是没有人这么说过，艾莉觉得最能体贴、理解她的就是这样的话!

最能宽慰一个人的话就是对自己情感的理解和感同身受，这样的话往往使不幸者感受到自己找到了一个“同盟者”，一个最能体会自己内心感受的人。怎样表达自己对不幸者的理解来宽慰对方的心呢?

1. 不要直接表达“理解”

很多人安慰别人时通常会说“你的心情，我理解，但一切都会过去的”或者“我理解你的心情，因为我也曾经……”这些不痛不痒的话不会带给不幸人任何的温暖和贴心的感觉，相反啰唆自己曾经的经历和如今的平静心情还会招致反感。

2. 把你理解的感受讲出来

比如“你一定非常痛苦”“你很郁闷吧”“其实也知道没什么，还是感到特害怕，是吧”“觉得特委屈，是吗”；或者把对方内心的隐秘感觉讲出来，“你是不是很担心，很焦虑？放心吧，等真正事到临头了，你反而会镇静下来，这个我有体验”，对方的心往往能够放松下来。

3. 帮对方分析原因

如果能够分析对方沮丧情绪的原因，安慰起来就能事半功倍。比如一个女人离婚了，很难过，但很多朋友安慰都无效。她的某个知心好友则开导她：“你是不是觉得自己拴不住老公的心，怕被别人笑话？你是不是觉得男人被别人抢了特不甘心？我反而觉得离婚对你来说是种解脱。”经过朋友的一番分析，女人也觉得自己是“当局者迷”，自己对上一段婚姻没有那么留恋，不过是不甘心而已，也就走出了离婚的阴影。

4. 提供有效的招数

比如戴安娜安慰中有一句，“痛痛快快的哭吧，哭够了就好了”。理解别人的情绪之后，那么要怎样对付这种情绪呢？不妨准备两三个好用的小招数，面对刚刚跟男友分手的小姐妹，“别郁闷了，咱们一起逛逛街去吧，买两条新裙子，把自己打扮的漂漂亮亮的，心情好了，眼睛更亮，咱再挑更好的”。当然，挑选的小招数最好能够投其所好，和对方的性格相合。否则，对方哭得跟泪人似的，劝她“别伤心了，打场球就好了”肯定是没用。对方是焦灼还是郁闷，是伤心还是痛苦，是恐惧还是担心，不同的情绪有不同的应对招数。了解朋友的心情和性格，才能说出最贴心的话，才能宽慰对方。

作为朋友，把自己对于不幸者的心情的理解讲出来，也许就能帮助他们透过迷雾看清自己真正的情绪和伤心的原因，才能更快走出人生的迷雾。

说点赞美人的话，让他人乐意与你说话

人，总是希望得到他人的赞美。无论是咿呀学语的孩子，还是白发苍苍的老人，都会希望获得来自社会或他人的得当赞美，从而让自己的自尊心和荣誉感获得满足。有位企业家说过：“人都是活在掌声中的，当下属被上司肯定，他才会更加卖力地工作。”同样，我们与人交际，嘴甜一点，把赞美、恭维人的话说到对方心里去，会让他人喜欢与我们相处。

法国的拿破仑就非常知道赞美的力量，而且他也具有高超的统帅和领导艺术。他主张，对士兵要“不用皮鞭而用荣誉来进行管理”。他认为：一个在伙伴面前受到体罚的人，是不可能愿意为你效命疆场的。为了激发和培养士兵的荣誉感，拿破仑对每一位立过功的士兵都加官晋爵，而且还会在全军进行广泛的通报宣传。通过这些赞美和变相赞美，去激励士兵勇敢地战斗。

另外，美国历史上有一个年薪百万的管理人员名叫史考伯，是美国

钢铁公司的总经理。有记者曾经问他："您的老板为何愿意一年付给您超过一百万的薪水呢？您到底有什么本事能拿到这么多的钱？"史考伯回答说："我对钢铁懂得不多，但我最大的本事是鼓舞员工。而鼓舞员工的最佳方法，就是表现出对他们真诚的赞赏和鼓励。"史考伯就是凭着他会赞美他人而年薪超过一百万的。有趣的是，史考伯到死也没有忘记赞美人。他在自己的墓志铭上写道："这里躺着一个善于与那些比他更聪明的下属打交道的人。"

人们喜欢被恭维，但对于那些肉麻的奉承，则会感到恶心。那么，人们究竟希望得到什么样的赞美呢？我们又该如何去巧妙地赞美他人呢？

1. 发自内心地赞美

当我们真诚地赞美别人时，对方也会由衷地感到高兴，并对我们产生一种好感。所以，要想缓和增进双方的关系，拉近彼此的距离，不妨对其使用真诚的赞美。

如果我们对一位清洁工人这样恭维："您真是一位成功人士啊！您具有非凡的气质，您是一位伟大的人！"对方一定会认为我们精神有问题，因为这些话好像和他没有一点关系。

总之，恭维别人，一定要发自内心，并有据可依。唯有这样去恭维他人，才能抓住对方的心，才能获得对方的好感，改善人际关系。

2. 间接赞美

要赞美一个人，直接赞美固然能起到作用，但间接赞美的效果更明显。比如，如果我们当面说别人好话，说得不当可能会被认为我们在奉承他，讨好他；然而在背后说这些相同的好话时，被赞美者就容易接受我们的赞美之词，也容易领情。如果我们当着上司和同事的面赞美上司，我们的同事们会认为我们在讨好上司，拍上司的马屁，从而引起周围同事的反感。而且，这种正面的赞美所起到的效果也是不明显的，甚至还会起到反作用。与其如此，我们不如在公司里上司不在场时，对上司“大力吹捧”一番。而我们所说的这些好话，也会很快传到上司耳朵里的。

当然，间接赞美不仅包括背后赞美，我们还可以借助第三者赞美。多在第三者面前赞美你想赞美的人，是你与那个人融洽关系、增进交往的最有效的方法。如果有位陌生的人对你讲：“某某经常与我谈起你，说你是位了不起的人！”相信你的愉悦心情一定会油然而生。这也就是说，我们要想让对方感到愉悦，就应经常在第三个人面前赞美他，这种赞美要比一个魁梧的男人站在你的面前说“我是您忠实的崇拜者！”来得更让人舒坦。

3．赞美的话要说得具体

赞美要具体，不能含糊其辞，否则可能会让对方感到混乱和窘迫。赞美越具体，说明你对被赞美者越了解，也更容易让对方接受你的赞美。

4．把握赞美的度，话要说得恰如其分

真诚的赞美应该是恰如其分的，不空泛，不夸大，不含糊，具体，确切。而且，所要赞美的事情也并非一定是大事，即使是别人的一个很小的优点，只要给予恰如其分的赞美，就不属于“拍马屁”。

总之，爱听赞美的话是人的天性，人人都喜欢正面刺激，不喜欢负面刺激。如果在沟通中人人都乐意赞美他人，善于夸奖他人的长处，那么人际交往间的愉快也将会大大增加。

◆第03章◆

有些话绕着弯子说，效果才更好

在社交中，委婉含蓄是口才的一种魅力。将话说在明处，而含义却藏在话的暗处。要想成功办事，用委婉的说法可能会达到预想不到的效果。的确，表达同样一个意思，说话水平不同的人，获得的效果大不相同。会说话的人说出来的话总能让人听了心里也舒坦。其实，很多时候，同样一句话，只要稍微改变一下说法，即可产生完全不同的效果。

迂回曲折，吊足对方胃口

人们常说："话不投机半句多。"可见，无论在什么方面，兴趣都是引领事情顺利发展的前提条件，人与人之间的沟通与交流也不例外。那么，怎样才能引起对方谈话的兴趣呢？

对于容易接近的对象来说，天气、球赛、对方的兴趣爱好等都可以是话题的开端，但是对于那些不容易接近、拒人于千里之外的对象来说，就必须要用一些技巧，巧妙地引发对方的谈话兴趣，让他愿意交谈并有话可谈。

对于这样的谈话对象来说，开门见山、单刀直入显然并不合适，因为他明摆着就是不愿意和你说话，硬凑上前不但自讨无趣，也不会对交流与沟通有任何帮助。因此，这时我们不妨用迂回曲折的方式，吊起对方的胃口，激发对方的好奇心，从而引发其谈话的兴趣，让他主动与你交谈。假如你能做到这一点，那么离顺利地沟通也就不远了。因为，“好的开端是成功的一半”，这是众人都明白的道理。

难怪有人说：兴趣是最好的老师。只要有了兴趣这个老师的引导，你无需费力，就可以轻松自如地将谈话顺利展开并继续下去。当然，引发他人兴趣的最重要的一点是要靠平时的积累和察言观色的本领。记住，只有清楚地了解他人内心的想法，才能用最有效的语言和方法打动对方，实现自己的目的。

谈话时注意场合，以免“祸从口出”

在日常交际中，人们要注意自己说的每一句话是否符合自己说话的场合，如果场合不对那很可能会给我们带来难以解决的麻烦。

我们在与人打交道时，不要图口快，要细心地想一想自己说的话是否适合现在的场合。同样开玩笑的话在同学聚会上可以，但在公司聚会上就绝对不行。每一个想提高自己口才和临场反应力的人都要不断的学习，提高自己的决断能力，在想问题时要周到、细心些。有时语速慢一些，不仅是一个沉稳低调的表现，也是自己给自己一个缓冲的时间，想想自己想说的话是不是适合这个场合，再决定是不是该说出来。当我们能做到这些时，就可以给对方一个比较完美的答案。

三思而后行，三思而后说。我们在说话之前要仔细考虑好所有的情况，才能够顺利地达到自己的目的；同样，在说话之前也要仔细考虑好，自己的话是不是适合这个场合，这样才能够达到自己想要的效果，否则，就有可能把事情搞砸。

找准插入谈话时机，效果才会更佳

在社交场合与人谈话，如果能注意观察对方的情绪，在必要的时候找准时机，巧妙地插入对方的谈话，谈话效果才会更佳。

现实生活中，好的插话能取到事半功倍的效果，不适当的插话则使事情更糟。例如：两位女孩子正在一个角落里悄悄地说着什么，一位男士不自觉地凑上去问道："你们在说什么呢？"结果遭到两个女孩子的一句"讨厌"，男士只好悻悻地走开了。

生活中不乏上面的事例，那位男士之所以把事情弄僵了，是因为他没有把握好插话的时机，结果遭到别人的抱怨或憎恨。

说话除了要注意场合和对象外，还要把握好时机，什么时候该说，什么时候不该说，什么时候可插话，什么时候不可插话，都不是随随便便的，说话如果不注意审时度势，常常会把快到口的大鱼赶跑。

时机对我们来说非常宝贵。我们如何来把握"决定性的瞬间"？其实这并没有一定的规则，要凭借丰富的交流经验或者敏锐的感觉来确定。我们来看下面一个实例：

冰箱老化了，制冷效果非常差。妻子多次提出买一个新的，均以丈夫不同意而告终。中午，丈夫对妻子说；“今天真热，你给我拿一支冰棒来。”

妻子打开冰箱抱怨道：“冰棒都化了。”

“什么破冰箱！”丈夫骂道。

“不如买一个新的吧。”

“那就买一个吧。”丈夫欣然同意了。

由于这位妻子捕捉住了说话的时机，所以她轻松达成了目的。

在反映情况或者说服人的时候，也要特别注意时机的选择，我们应该明确一点的是，在对方心情比较平缓、愉悦的时候进行交谈，获得成功的几率非常高。

聪明的人善于接住他人的话茬儿，借题发挥，上承下转，巧妙应对，很好地触动他人的心弦，使一些悬而未决的问题终于得到解决。一个社交老手在交谈过程中应该如何插话，才能有助于达到最佳的交际效果呢？一般有以下几种方法：

1．安慰式插话

当对方在同你谈某事，有时会因为担心你可能对此不感兴趣，显露出为难、犹豫的神情时，你可以伺机说一两句安慰的话。

“你能谈谈那件事吗？我十分想了解。”

“请你继续说。”

“我对此也是十分感兴趣的。”

此时你说的话是为了表明一个意思：我非常愿意听你的诉说，不管你说得怎样，说的是什么，我都喜欢听。用话语来消除对方的顾虑，坚定他说话的信心。

2．疏导式插话

当对方由于心烦、愤怒等原因，在叙述中不能控制自己的感情时，你可用一两句话来疏导。

“你一定感到很气愤不平。”

“你心里一定很难受吧？”

当你说完这些话后，对方可能会发泄一番，感情好坏都不足为奇。因为，这些话的目的就是把对方心中郁结的一股异常情感“诱导”出来，对方发泄一番后，会感到轻松、解脱，从而能够从容地完成对问题的叙述。

需要特别注意的是，说这番话时不要陷入盲目安慰的误区。你不应对他人的话作出判断、评价，说一些诸如“你是对的”“他不应该这样”之类的片面语。你的责任是顺应对方的情绪，为他疏通感情，而不应该“火上浇油”，使他的抑郁情绪进一步加强。

3．推测式插话

当对方在叙述时迫切地想让你理解他的谈话内容时，你可以用一两句来推测对方话中的含义。

“你的想法是……”

“你想说的是这个意思吧……”

这样的综述，既能及时验证你对对方谈话内容的理解程度，加深印象，又能让对方感受到你的诚意，并能帮助你随时纠正理解中的偏差。

各种交谈中的插话技巧都有一个共同点，那就是不对对方的谈话内容发表客观判断、评论，不对对方的情感做出是与否的表示，始终处于一种中性的态度。这是一条重要界限，如果你试图超越这个界限，就有陷入沟通误区的危险，从而使一场谈话失去了方向和意义。

不方便直接问，不如迂回提出

小于和老王是生意上的伙伴。小于给老王发了整整的两车货。可是老王却因为资金有限，迟迟没有结款，这让小于压力很大，毕竟小于也是小本买卖。没有足够的资金流转，生意根本没法正常运营下去。

但是小于也不敢追的紧了，万一老王一发脾气，要起赖，这笔账就有可能成为死账。这是小于最怕的。所以既想要账，又怕得罪老王。

这天，小于来找老王，二人来到餐厅，点了一桌上好的酒席。二人一边吃，一边喝，称兄道弟论起了交情。席间，小于突然悲伤起来，这让老王丈二摸不着头脑，在老王的再三询问下，小于一再地哭穷，说自己的生意就要大亏本了，公司也要倒闭了。小于越说越伤心，最后哭了起来，他拉着老王的手说：“王哥，你说我是不是天生就这命啊？”

小于说的越悲惨，老王越难受。他再也坐不住了。当晚就把货钱给小于结了。

有些问题，不方便直接问，就要迂回发问绕个弯。比如故事中，小于的一问，不是在问，而是在拷问老王的良心。如果小于说一大兜子好话，问老王：“我的钱你什么时候结？”可能老王无论如何也不会立即给他钱的，而且这样直接问伤了两人的交情。所以，有些时候，有些问题绝对不能直接问，要采取迂回发问的形式，将你的问题传达给对方，而且让对方保证了足够的面子。这样才有益于问题的直接解决。那么，在迂回发问的时候，要注意哪些问题呢？

1. 问的问题和急需解决的问题之间要有关联性

在采用迂回发问的时候，问的问题之间和急需解决的问题之间要有关联性。这样才能让被问者明白对方的所指。否则，你问的问题跟继续解决的问题之间一点关联性也没有，问了也是白问，对方根本不知道你的意图所在。对方不明白你的意思，自然给你解决不了问题。所以，在采用迂回发问的时候，一定要找到两个问题之间的关联性。这样，才能达到指桑骂槐的效果。如果对方想给你解决，自然顺水推舟解决了你的问题。如果对方不想解决，也会找个理由搪塞。这样一来，双方也不会撕破脸皮，导致问题最终无法解决。所以，采用迂回发问的时候，一定要找到关联，不能盲目发问。

2. 要选择一个合适的时间

在用迂回发问的时候，一定要找个合适的时间。比如对方闲的时候，或者是晚饭后。向对方表达你的意愿，一定要确定对方能听的懂，并且有时间去听，否则就失去了意义。如果对方正在忙，你一个劲儿在旁边讲故事，对方觉得你实在闲的无聊，自然不会搭理你。用迂回的方式来向对方提问的时候，要把握好时间。所以，在向对方提问的时候，要事先了解对方什么时候能听的进去，什么时候能解决问题。问题得到了妥善的解决，这是迂回提问的关键所在。

3. 要有个适当的铺垫

在用迂回的方式向对方提问的时候，要事先设置一个铺垫。比如故事中，小于采用迂回的方式向老王要钱的时候，首先请对方喝酒，然后借着酒后诉苦，把自己的苦衷通过生意的失败表达了出来。事实上，如果老王给了钱，生意自然不会失败了。所以，小于借着喝酒这个铺垫，将自己想要要钱的想法成功地传达给了老王。最终将问题成功解决了。所以，在向对方迂回发问的时候，也要找个合适的铺垫。有了这个铺垫，在迂回发问的时候就能巧妙通过铺垫的情景成功地传达给对方。

把关键话说得好听一点，达到一击制胜的目的

给关键话裹一层糖衣。谁都爱听好话，尤其是求人这种事，本来就

不好开口，是我们在麻烦别人，让别人为难，如果我们再不把话说得好听一点，把关键的话裹上一层糖衣，对方很可能会当场拒绝我们。

在说话的时候要注意一点就是挑对方爱听的话说，如果一些话不好讲，那么就想办法把话裹上一层糖衣再送出去，这种情况尤其适用于关键性的话语，这些话说得好，往往能够达到一击制胜的目的。

1. 好话当面说

很多时候，人们不会说好话，尤其是不求人的时候，但是人们都喜欢听别人说自己的好话，这是一种通病。这种毛病是需要适当克服的，因为没有人不需要别人帮助，总有一天会有求于人，那么，在求人办事的时候，你一句好话都不会说，恐怕吃闭门羹的概率就大多了。

2. 好话背后说

在背后不能说别人的坏话，那么好话就另当别论了，好话在背后说，这是一种技巧，往往有意想不到的效果。

一般情况下，一个人对另一个人讲话，总是带着一些情感，是好是坏人们心中自有衡量的标准，所以不要忽视了人们的自我辨别能力。那么很多时候人们向一个特定的人传达自己的好感的时候，就会顾虑到自己的赞美会不会被那个人觉察，其实这是没有必要的，因为只要你去做了，对方就能够感受到。例如，你可以当着这个人的面，随便拉一个人作为听众，然后把自己的赞美之词说出来，这样一来你要赞美的那个人不仅不会觉得奇怪，而且会非常相信那些话，所以效果会好很多。

3. 说话有底气

有人说别人好话的时候总是带有一些目的性，于是心中总是存有那么一点心虚，其实这大可不必。俗话说“身正不怕影子斜”，如果自己堂堂正正，说几句对别人没有坏处的好话无伤大雅，所以不要有顾虑，要做到大大方方不落俗套，说出的话让人一听就那么舒服，动作神情让人一看就那么真实。

无论是当面赞颂还是背后恭维，只要时机得当就能够达到理想的效果，所以在一些关键的话语上，可以适当斟酌，最好能裹上一层糖衣送出，这样对方接收到时也会有一种甜蜜，心里自然会舒服。这样一来，再求人办事时，对方的心态就不一样了，就会对你很有好感，求人就变得相对容易了。

◆第04章◆

要想把话说得有趣，别忘了精彩的肢体语言

沟通中，我们传达观点的主要媒介是语言，但即便如此，我们也不能忽视非语言沟通的重要性。掌握一些基本的肢体语言，能帮我们更快地抓住对方的注意力，也就是说，一个善于沟通的人绝不会一味地“说”，而是善于借助神态动作来促进沟通，进而在举手投足间感染他人！

修饰你的声音，使其更具感染力

我们在谈吐中的每一句话，既向别人传递了信息，又表达了个人的思想观点。因此，要想达到我们想要达到的目的，不仅要在语言的组织形式上下一番功夫，更需要在声音上进行必要的处理。因为往往很多时候，一个精辟的见解，经过严密的思维和美妙的辞藻表达出来并不能产生理想中的效果，既不能让别人对我们所要表达的信息有一个完整的把握，又无法让别人对我们的思想有一个正确的了解。造成这种现象的原因，就是我们在说话的时候音质出现了缺陷。如果音质上面出现了缺陷，就会让我们的口才大打折扣。因此，我们应该对自己的声音做一下必要的“美容”。

无论是男性还是女性，说话的声音都是十分重要的。一个音色柔美动听的女人，很容易被周围的人所接受；一个说话充满磁性的男中音，远比声音纤细毫无阳刚之气的男声有魅力。电视上的播音员，从外表上来看不是最出众的，但是他们的声音却是出类拔萃的，也由此得到了观众的认可和喜爱。

有很多人羡慕别人完美的音质，觉得他们的声音是自然天成。其实，那些声音中充满了美感的人，并非是在口才上有着高人一等的天赋，而是经过了不断的努力才取得了成就。就好像我们常常为了拥有健美的身材而刻意锻炼自己，同样的，为了一个美妙的声音我们也应该付出一定的努力。为了能够达到理想中的声音效果，我们不妨从以下几个方面入手。

1．选择适合的音调

同样的话用不同样的语调来表达，所取得的效果是不一样的。一般情况下，不疾不缓的速度，中等的声音更能给人一种亲切自然和自信的感觉；过高的声音、过快的语速就会显得说话的人性格过于急躁，心无城府，过于幼稚和偏执，会让人产生厌恶的情绪；说话的声音过低，语速缓慢，这样的人可能是没有自信，优柔寡断，看待事情比较悲观，处理事情畏首畏尾，放不开手脚，会让人产生审美的疲劳。一个人的语调反映出一个人的内心世界、情感和态度，因此，在谈论一个话题的时候，要保持说话的语调与内容相符合。比如在讲述故事的时候可以选择娓娓道来的形式，表达决心的时候可以气运丹田让声音显得浑厚而又响亮。要想做到音调合适，还需注意以下细节：

说话干脆利落，不拖泥带水。

劝说他人的时候要诚恳委婉，不能用命令的口吻。

传递信息的时候，要准确完善，不能遗漏和误传。

发起倡导的时候适当提高分贝，使语言增加力度。

2．把握说话的音量

影响人的交谈或思考的环境声音称为噪声。在生活中，一个人的说话声音过大，就会让人产生反感，认为此人可能是装腔作势或者是色厉内荏。但是音量太小的声音也未必能够引起人们的喜欢，听起来过于费劲，又让人可怜，觉得此人是一个怯弱的人。由于听者所处的远近不同，谈话者所处的环境各异，因此要注意找到与不同场合相适应的音量，以让人听得清楚而又不产生厌烦情绪为原则。

3．做到声情并茂

生于情发于声，就是强调说话时要注意感情的因素，声音只是传递的工具，它的源头却是人的内心的情感。声音、语调、词汇等元素都是为感情服务的。如果声音失去了感情的依托，就会变得空洞僵持，犹如失去了水源的枯木，毫无生气可言，因此在说话的时候，要注意用感情去感染和打动听众，只有充满感情的文章才是好文章，也只有充满感情的谈话才是成功的谈话。

说话时绘声绘色，表情丰富

作为内心情绪的风向标和晴雨表，我们在与他人交流时，一定要多多注意他人的面部表情变化，这样才能及时捕捉他人情绪，也才能准确洞察他人心理。反过来说，我们在表达时为了增强表达力和感染力，也可以让自己的表情随着语言的抑扬顿挫，变得更加丰富，这样一来我们的表现力和感染力也会马上增强，使他人受到我们的撼动，与我们同呼吸共命运。

很多人说话时总是平铺直叙，就像是那些流水账似的小学生作文一样，根本没有高潮和低谷，也没有情绪起伏。听到这样的话，你还有兴趣继续洗耳恭听吗？语言的表达只有抑扬顿挫，才能把他人也拉入我们的情绪之中，和我们同哭同笑，从而彻底感染他人，调动他人的情绪和力量。尤其是在人际交流更加重要的今天，我们要想在进行语言表达时吸引他人的注意力，就要做到绘声绘色，表情丰富。

现实生活中，我们经常需要与他人交流，在交流的过程中也要表达我们各种的表情。如今仅仅凭借语言进行各种复杂情绪的表达，则往往会显得心有余而力不足。在这种情况下，我们不妨采取更好的方式，借助于丰富表情作为辅助手段，让自己的表达更加生动，也更能打动人心。

你的坐姿和站相，是修养的一种写照

王雪娜大学毕业后，在一家杂志社上班。最近单位安排她去采访一位重要的企业家。刚开始，预约了对方，而且见了面聊得非常投机，但是不知怎么地，聊着聊着，企业家脸色大变，对王雪娜表现出了明显的厌恶情绪。最后找了个借口，拒绝采访继续进行下去。

王雪娜丈二摸不着头脑，不知道到底自己怎么了，惹对方生这么大的气。事实上，王晓娜并没有说错什么，只是她的一些举止太过随意，让企业家实在看不下去了，从而产生了厌恶情绪，最终终止了采访。

原来，那天天气非常的热，王雪娜穿着连衣裙，气质非常好。但是在采访中，王晓娜竟然拿起裙子的前摆当作扇子扇起风来。更让人接受不了的是，她翘着二郎腿，再加上拽着裙子的前摆太紧，把一边的内裤露在了外面。

企业家忍耐着不发作，几次暗示王晓娜，可是王晓娜根本没有注意到企业家的暗示，而且把裙子的前摆拽得更紧，内裤无疑中露得更多。这给企业家留下了非常糟糕的印象，因为在他的眼里，王雪娜轻佻、风骚，是对他的侮辱。

“坐有坐相，站有站相”是对一个人行为的基本要求。尤其是人际交往当中。一个站姿或者是坐姿的不雅观，往往会让人望而却步。可以这么说，一个人的站相和坐相能反映出一个人的涵养和修为。一个人站有站相，坐有坐相，最起码是对对方的尊重，试想一个连尊重别人都不懂的人，怎么可能有涵养，有修为呢？所以，在人际交往当中，一定要注意了，要坐就要规规矩矩地坐着，要站就要老老实实地站着，一个对自己认真的人，才会对生活认真，而一个对生活认真的人，才会对别人认真。那么，在生活中，到底怎样做才算是“坐有坐相，站有站相”呢？

1. 坐要坐得稳重

在人际交往当中，双方入座交谈是避免不了的事情，因此一个人的坐姿对于交谈是否能顺利进行有着至关重要的作用。入座的时候，动作一定要轻、要缓，如果去拜访对方，别人请你坐，一定要表示感谢。入座后，尽量坐端正，脊柱向上伸直，胸乳前挺，把两脚平行放好，眼睛自然向前平视。这样让别人觉得你很重视和对方的交谈。两脚平列或前后稍稍分开，双手轻轻搭放在沙发扶手上或双手相交，搁在大腿上。坐下之后，如果对方暂时有事离开了，不要左顾右盼，也不要低头看自己的脚尖，以免给别人留下轻浮的感觉。坐姿中能看出人的性格，所以如果是初次交流，尽量要学会守规矩，要表现得沉稳一些。这样才会给别人留下比较好的印象，为营建良好的人际关系添砖加瓦。

2. 站要站得端庄

站立能展现一个人的形象气质。一个人有了良好的气质，会赢得良好的人际关系。所以站立的时候，身体自然直立，挺胸收腹，让身体的各部分尽量地舒展。头要保持中立，不能东偏西歪，脖子也要自然，不要往前伸，两肩尽量保持平稳，胯不能松弛，膝盖不要弯曲。在会见客人的时候，或者是有长辈在场时，要把双手自然下垂，女士两手相扣，自然放在小肚前，表示对对方的谦恭。这时候最忌将手交叉抱在胸前，因为这表示着一种傲慢和无理，把手放在后面也不合适，两手叉腰就更不合适了，表达了对对方的挑衅。当然也不要把手放在裤兜里，这样同样是对对方的不尊重。

3. 要大气又不失风采

不管是坐着，还是站立，都要展现出大气而又有礼数的形象，给对方留下好印象。好印象是成功社交的前提和保障。有的人一味的保守，坐在沙发上一动不动，难免会给对方留下呆滞的不良感觉，同时还会使交谈的双方徒增拘谨，不利于交流的正常进行。而有些人总是坐不住，稍微时间长一些，就开始不断地抖动双腿，或者是身体前倾，把腿叉开以便支撑，更有甚者躺在沙发上。这样，给对方一种极不尊重的感觉。别人心中对你产生了不满，自然交流也就不能顺利地进行。有的人站立姿势很不注意，不但双腿分得很大，而且还故意腆着肚子，有的把一条腿吊起来，重心放在另外一条腿上。这些姿势也是很不雅观。不论是站或者是坐，都要彰显大气而又不失礼节。这样，双方的交流才能在愉悦的感觉中进行。

下意识的小动作，损害了你的形象

在与人沟通中，很多时候，一些不经意间的小动作往往会毁了我们的形象，这些动作平时觉得无所谓，但是在关键时候就会成为致命的“杀手”。所以，千万不可小看这些不起眼的小动作。在平时的工作和学习中，要尽量避免各种不良的生活习惯，如果发现，要尽早改正，以免影响你的人脉和正常的人际交往。对于18岁以后的年轻人来说，形象往往对于一个人来说非常的重要，要尽量改正下意识的小动作。那么在生活中，在改正不良小动作的过程中，有什么方法和技巧呢？

1. 适当地学习社交礼仪

到底怎样说话是对的，怎样说话是错的，怎样坐立能赢得别人的好感，怎样坐立会拒人于千里之外。这些具体的标准和行为的准则，除了从小从父母的言传身教中学到一部分外，没有另外的途径可以获得。再加上有些家长，本身就有很多的毛病，无形之中就会传给孩子。所以，要想根本杜绝这些不良的小习惯，有必要对社交礼仪进行一个系统的学习。让他们真正了解什么是该做的，什么是不该做的。只有有了这样一个行为的基本规范，年轻人才会发现自身的问题，从而改正自身的问题。所以，适当的学习社交礼仪，是改正不良小动作的好办法。18岁以后的年轻人要想让自己的形象永远保持良好，不妨学习一下社交礼仪。

2. 不间断地请人帮助检测

正所谓“当局者迷，旁观者清”，一般人都很难发现自身存在的问题。所以，一些自己认为是正确的小动作也就被认可了。再加上平日里，谁也不会为了一个小动作而较劲，这样，就给那些下意识的小动作酝酿了生存的空间。但是，在关键时候就会坏事。所以，要想纠正自身的问题，不妨请一个身边的朋友或者是家人给你指出来。当然这时候要明白，别人挑你的毛病是为了帮助你。当你的那些下意识的小动作被挑出来，一一改正了之后，在说话做事的时候就不会因此而损毁自己的形象。当然在改正老毛病的同时，不能养成新的毛病，否则更正自身的小动作就会失去价值和意义。

3．要养成良好的生活习惯

俗话说“习惯形成于自然”，平日里不注意自己的言行，觉得说一句不合适的话，或者是做一件不合适的事情也没有什么，大不了以后不做就是了。可是当你每次有这样的心理，时间久了，就会形成习惯。有些时候这些不好的习惯会在不经意间蹦出来，或者是因为条件反射，随口说出来了。所以，要想让这些下意识的小动作不沾在自己身上，那么就要养成良好的生活习惯，不要寻找借口，而要坚决杜绝。比如说脏话，有的人觉得说一次没什么，说两次没什么，可是渐渐发现，自己改变不了随口说脏话的毛病了。试想，当你在关键时候，冷不丁冒出一句脏话来，别人会怎么看你？你的形象能不受损吗？所以，要养成良好的生活习惯，不要给自己找借口去培养不良的小动作。

让恰到好处的手势，成为语言的辅助

经常观看新闻联播的朋友们会发现，每当国家领导人外出去其他国家访问，在下飞机时都会挥一挥手，以表示对其他国家迎宾和领导人的友好与敬意。倘若没有这样的挥手，也许就会给人妄自尊大的感觉，也就导致彼此间关系紧张和恶化。在建国的周年阅兵仪式上，各界主席也会对着参加检阅的将士们挥手，同样是示意尊重。其实不仅仅是在这些隆重的场合，即使在日常生活中，我们如果能够借助于恰到好处的手势与人交流，作为语言的辅助手段，也一样会起到更好的表达效果。

需要注意的是，手势的使用有很多注意事项，千万不要随便使用手势，尤其是在百里不同风的地方，更要慎用诸如手势等肢体语言。毕竟普通话已经全国通用，因而大多数情况下都能很好地理解普通话的意思，但是诸如手势、表情语言之类的肢体语言，却并没有得到统一规范，因而往往存在不同地域含义不同的情况。这就要求我们使用手势要符合惯例，才能避免闹出笑话，甚至与他人产生误解。诸如，人们约定俗成介绍某人的时候，应该以右手打开指向所介绍的人，指示方向也可以伸出右手食指示意，在表示赞许和欢迎时还可以鼓掌，这些都是约定俗成的，我们应给符合规范使用。诸如拥抱之类的手势，则属于小众范围，或许就在某一个特殊的地域使用，不能滥用。此外，还要注意适度使用手势。倘若滥用手势，则会给人以浮躁不安的感觉，也会使他人感到局促不安。例如握手，通常情况下，握手要以右手，而且握手只需要保持三秒钟，倘若紧紧抓住别人的手不放，尤其是异性之间，则会导致尴尬，甚至产生误解。

作为公司行政部的人，每当有了重要客人来访，领导总会安排诺心接待。究其原因，领导觉得诺心很讲礼仪。有一次，诺心在接待一个重要宾客时，不仅在宾客进门之前鼓掌欢迎，而且在宾客进门时，四指并拢，掌心朝上，给客户引路。领导注意到这个细节，客户也对诺心投以赞许的目光。所以从此之后，每当有重要人士需要招待，领导总是第一时间想到诺心。后来，公司成立了专门的公关部门，诺心理所当然成为公关部主管，由此不但成为公司的中层管理者，个人的职业生涯也取得了长足的发展。

因为能够得心应手地使用恰到好处的手势，所以诺心才能如此神速晋升，也为自己的人生打开更加宽阔的道路。这就是一种优势，不过这种优势并非天生的，只要我们多多学习礼仪，学会使用手势表达自己的意思，就能够提升自己待人接物的水平。即便不是作为专门的公关人员出现，在日常生活中，我们作为普通人如果也能够尊重他人，也得到他人的尊重和赏识，一定有利无弊，也能够给身边的人留下良好的印象。

人与人交往必须有来有往，才能做到礼尚往来。尤其是交流过程中的诸多细节，我们更是应该多多关注，用心表达，才能起到良好的效果。任何情况下，假如我们无法做到主动尊重他人，也就无法得到他人的尊重，所谓种瓜得瓜，种豆得豆，在人际交往中也有深刻的体现。

得体装扮，在他人心中留下好印象

熟悉的人之间因为彼此有一定的了解，所以还能客观中肯地评价他人。但是倘若是初次见面的人之间，第一印象就显得非常重要。生活中有很多不修边幅的人，总觉得真金不怕他人的火眼金睛，殊不知你当然可以对自己是真金有信心，但是却不能对他人的火眼金睛那么有信心。归根结底，大多数人都不是伯乐，也无法准确识别千里马。因而现代社会要想给他人留下好印象，我们必须非常注重自身的形象，这样才能更好地把自己推销给他人。如此一来，我们才能如愿以偿地给他人留下好印象，为未来的友好相处奠定基础。

很多人因为与他人之间的交流问题颇为苦恼，殊不知磨刀不误砍柴工，倘若真的想要使人际关系顺畅，不如恰到好处地装扮自己，让好印象帮助自己加分。其实，需要注意的是必须避免一个误区，即所谓恰到好处的装扮，并非指的是越奢华越好，而是应该符合自己的身份。比如说那些生活在社会底层的穷苦人，假如虽然穿得破旧，但是却始终干净利索，依然能给人留下好印象。很多时候，我们从他人的衣着打扮，也可以看出他人对待生活的态度，以及客观考察他人对于人际交往对象是否足够尊重。由此可见，穿衣打扮是一种态度，而非像大多数人所理解的那样，只是为了虚荣和面子。所以我们每个人如果想要成为社交达人，首先应该摆正自己的态度，对待装扮等保持正确而又积极的心态。现代职场，有很多单位强制要求女性必须淡妆上班，这也是充分考虑到装扮的重要性，认识到装扮从某种程度上表达了对待顾客的态度。不得不说，这是社会审美的进步，是有着积极意义的。

阿花已经到了谈婚论嫁的年纪，却始终没有交往男朋友。看着女儿每日独来独往，妈妈不仅着急起来，四处托亲戚朋友为阿花介绍对象。阿花相亲几次之后都没有结果，妈妈因而问一个关系比较好的“媒婆”——阿花的三姨。“阿花也没那么差吧，怎么就没有男孩子喜欢她呢？”三姨捂住嘴巴笑了，说：“你看自己的女儿，当然越看越好看，不过阿花的确还是很俊俏的。我介绍的那个男孩子相亲之后对我说，觉得阿花太素了，脸上连点遮瑕霜都没有，看起来不像是大城市的女孩子，倒像是朴实无华的乡村小土妞。而且，阿花原本身材很好，偏偏没有一件像样的衣服，总是衬衫牛仔裤，一点儿腰身都没有。姐姐，现在的年轻人你还不知道么，当然是希望女朋友漂亮些好带出去也有面子啊。就算是不打扮得浓妆艳抹，至少相亲也应该略施粉黛啊。这样素面朝天，衣衫随意，怎么能博得男孩子的好感呢！”

妈妈听了三姨的话恍然大悟，说：“还真是的，这个孩子执拗得很，总觉得涂脂抹粉浪费时间，还不喜欢穿淑女的衣服，说牛仔裤和T恤衫行动自如。我都说了她多少遍了，又不丑，干嘛不把自己打扮得漂亮些呢，她总是嗤之以鼻，说自己舒服就好。这下子好了，马上就成大龄剩女了，老闺女啦！”后来，妈妈再三劝说阿花，让她最起码在相亲和人初次见面的情况下，应该对他人表示尊重，阿花这才简单收拾自己，果不其然效率倍增，又经过几次相亲就成功找到了“白马王子”，也顺理成章地得到了属于自己的幸福。

对于相亲对象而言，阿花虽然表现出自己的本真面目，却因为丝毫不加修饰，导致相亲效率降低。其实，我们不管是面对相亲对象，还是面对普通人，都应该努力提高自己的形象，让对方感受到我们对其尊重，也欣赏到我们的品味。曾经有心理学家经过研究发现，第一印象对人的影响非常长远，甚至能够达到七年之久。尤其是那些习惯于通过第一印象来对人进行判断的人而言，就更会把第一印象留在自己心里，进而影响对一个人的判断。为此，我们一定要努力提升自己的形象，给他人留下好印象，这样对于人际交往和彼此间的交流也是非常有好处的。

当然，需要注意的，所谓恰到好处的装扮，除了要符合自身的身份、讲究卫生之外，还要审时度势，根据自身情况进行改变。毕竟，人是生活在特定环境中的，任何装扮如果脱离环境，都会显得不合时宜。诸如在正式场合一定要穿西服，在休闲的场合穿西服则显得格格不入，甚至让人看不入目，这都是需要我们根据生活经验作出判断的。

◆第05章◆

常常使用赞美之言，让你的话人人爱听

语言是人际交往的基本工具，那人们都爱听什么话呢？很简单，人性的弱点告诉我们，人们都爱听恭维的话，人类都是禁不住恭维的动物。喜欢听赞美的话似乎成为了人的一种天性，是一种正常的心理需要。然而，盲目的赞美，不但起不到作用，还会适得其反，因此，我们在赞美他人的时候，一定要掌握方式方法，力求把赞美之言说得更加得体。

赞美是礼物，需要精心准备

人都喜欢听赞美的话，从别人的肯定和认可中得到内心之中的“自我肯定”。但是，并不是任何时候的赞美话都能使被赞美者心花怒放，也不是所有的赞美话都会被接受。事实上，赞美就像我们送出的礼物一样，想必我们每个人都喜欢那些意外的礼物——别致、精心准备的礼物，当我们收到这样的礼物时，常常会被感动得不知所以，同样，赞美何尝不是如此呢？谁都不想听多余的、千篇一律的赞美之言，也就是说，出乎意料的赞美就好比意外的礼物。

心理学家认为：在每个人的心里，都渴望别人欣赏自己。如果你只是说一些千篇一律的好话，则会让对方觉得你根本不了解他，在心理上就会产生落差，继而拉远心理距离。可见，在与人沟通的过程中，我们给对方的赞美最好是特别的出乎其意料之外的，只有这样，才能让对方真正产生愉悦的心理。

心理学家认为，每一个人的内心深处都认为自己是与众不同的，都喜欢追求独特、个性。同样，他们也希望他人能看到自己的与众不同，此时，就需要我们能给出一个与众不同的赞美。这样，别人就会觉得你是真的欣赏他，真的了解他，才会把你当成是他的知己。

当然，我们要想给他人出乎意料的赞美，需要从以下几个方面努力：

1. 赞美要透过现象看本质

通常，当一个人取得成绩的时候才会被人关注。因而得到的都是对他能力的赞扬。殊不知，对方更加在乎自己付出的努力。如果在赞美的时候，透过现象看本质，不要去人云亦云地赞美表面的成就，而是去赞美对方所付出的艰苦努力，往往会在心理上和对方靠得更近。

比如，有一个男孩特别喜欢踢足球，他渴望着能够成为足球明星。终于，在他25岁的时候实现了自己的梦想。于是他的老师和同学们前来为他祝贺。有一个老师说："你真了不起，这么年轻就成为了鼎鼎有名的足球明星。"男孩笑着说："这没什么。"这时候有一位同学说道："你的吃苦精神真的很令人折服，不管刮风下雨，你始终在球场上奔波。"这时候，男孩走过去给了这位同学一个热情的拥抱。赞美别人能抓住细节，往往让你迅速站到对方内心中近距离的位置上。

2．意外的赞美亦不可突兀，要贴切自然

恰如其分地赞美别人是件很不容易的事。如果称赞得不得法，反而会遭到排斥。

3．表情和动作上的赞赏更能产生情感上的冲击力

人对外界的反应有一个基本的是非判断，从而迅速衡定内心的安全感。对于友善的表情和动作，同样会做出友善的迎合，继而换来更大的友善，对于不友善的情绪，则同样的给予敌意，以确保自己安全系数的最大值。

总之，我们若想让赞美他人的话深入对方心里，起到使其心花怒放的效果，就要给对方送一个意外的礼物——出乎意料的赞美，这才会为我们赢得好感、增进彼此关系。

细处落寞的赞美，令人更舒服

大千世界，芸芸众生，我们每个人只是沧海一粟而已。在日常生活中，不是每个人都能功成名就。我们发现，那些有成就的人都更会表达，更善于从小事上称赞别人，而不是一味地搜寻了不起的大事。

生活中的人们，在与人交流的过程中，你也应从具体的事件入手，善于发现别人哪怕是最微小的长处，并不失时机地予以赞美。因为赞

美用语，愈详实具体，说明你对对方愈了解，你的赞美愈显得真实可信，愈是能让对方感到你的真挚、亲切，你们之间的人际距离就会越来越近。

从小处着手夸奖别人，不仅会给别人出乎意料的惊喜，而且可以使你获得关心、体贴他人的形象。

那么，我们该怎样从细处着眼赞美别人呢?

1. 要留心观察，细心思考

从现在起，你要做一位有心人，善于发现赞美的题材，留心观察，细心思考。比如，你是否发现办公室有位同事，总是为其他人冲咖啡?对此，你可以赞美道：“你为我们每个人省了五分钟的时间……”再比如，当你发现你的女同事今天戴了新耳环后，你可以适度赞扬一番：“这对耳环是不是今年××杂志上重点推荐的那款?”

2. 用专业知识赞美他人的长处

发现对方的长处，这是赞美对方长处的前提。对此，你可以从对方的爱好入手。一般来说，人们只有先对什么感兴趣，才会擅长什么。几乎每个人都有自己的爱好，有自己擅长的事物，琴、棋、书、画等。这需要我们细心观察，在发现对方长处后，也不要贸然赞美，而应该先加以了解。

做一个赞美者，要懂专业知识。“隔行如隔山”，如果知识面狭窄，无疑就成了“门外汉”，空怀一颗善良的心，却找不到赞美的话题。人们除了对自己专长的东西比较了解以外，对很多事情都很陌生，而在自己陌生领域内对别人表现出的才能和长处就不能理解。为此，我们在发现了对方的长处后，应尽量用专业术语赞美。比如，当你想赞美一位研究历史的教授，你可以谈及对方曾经自己发表的论文和专著，并对其中的某些内容加以正面评点。

3. “广而告之”，让更多的人知道

人们都希望得到更多人的认同，如果你满足对方这种心理。那么，对方必将予以回报。比如，你还可以选某个时机，当众感谢这位冲咖啡的同事，放大其助人为乐的品质，该同事一定会对你心存感激。

4. 破除固定思维，赞美之言尽量“对事不对人”

例如，当你见到一位其貌不扬的男士，却偏要对他说：“你真是帅极了。”对方立刻就会认定你所说的是虚伪之至的违心之言。但如果你着眼于他的服饰、谈吐、举止，发现他这些方面的出众之处并真诚地赞美，他一定会高兴地接受。

不得不说，生活中，一些人在赞美他人时常会犯一个错误，就是见了什么都说好，见了谁都说好。这样泛泛的赞扬会让人觉得赞扬者漫不经心，它不会让受赞扬的人感觉到真正的快乐。从细节上赞美会显得更真实，也会更有力、有效。

总之，生活中的人们，在学习赞美这门学问时，你要明白的是，“赞美”的实质是能把赞美的话说到对方心里去。而这，首先需要你具备一双慧眼，要找到赞美的细微处，善于发现对方的长处，并赞美他人的长处。

赞美要真诚，拉近彼此距离

每个人都喜欢听赞美的话，谁也不能免俗。这是因为每个人都有一种渴望尊重的心理需要，而赞美会使对方这样的需要得到极大的心理满足。爱听好话是人的天性，俗话说："良言一句三冬暖。"赞美他人意味着认定了对方的价值，这时候，对方通常都会喜不自胜，心理上自然与你亲近起来。当然，赞美并不是所谓的"花言巧语"，而需要为其注入真诚。心理学家认为：对方心理上的亲和，实际上就是接受你意见的开始，同时，也是转变其态度的开始。由此可见，要想在做事过程中获得成功，我们应该给予对方真诚的赞美，而对方一定不会负我们所望，最终达到自己的目的。

赞美对方是一种有效的情感投资，而且投入少，回报大，这是一种非常符合经济原则的行为方式。赞美同事，会令同事更乐意为你整理文件；赞美上司，会令上司更加重用你；赞美下属，会使其更加乐意为你效劳。真诚的赞美，会令对方获得心理上的愉悦。当然，只有真诚的赞美才有感染力，如果你只是虚情假意、或者讽刺挖苦，对方不仅不会愉悦，反而会心生厌恶。真诚的赞美是发自内心的，是心灵的呼唤，只有真诚的赞美才能收到好的效果。

1. 从细微之处赞美对方

虽然，每个人都有一些公认的优点或长处，不过，为了体现自己的"特别关注"，我们应该尽量从细微之处赞美对方，令其产生被重视、被尊重的感觉，比如“你这衣服真好看”“只错了一点点，你就重新写了一边，真认真啊”，这会令对方有意外之喜。

2. 给对方一顶高帽

在求人办事的时候，需要适时给对方戴上高帽子，比如“最近你的皮肤变白了”“最近你的工作表现得很优秀”，令对方心情愉悦。

3. 肯定对方

当我们在肯定对方的时候，实际上就是暗示对方具备某种能力，然后，对方就会按着这种能力要求自己，最终他们的行为会达到你所期望的目标。

恰如其分的赞美，定能打动他人

心理学家认为：“人类本质中最殷切的需求是：渴望被肯定。”在生活中，被人赞美是一件令人喜悦的事情，恰如其分的赞美，能使人感受到人际间的理解和温馨，能够打动他人，有效地增进赞美者与被赞美者之间的心灵交流。一个人若是学会了赞美，往往使他能够受益无穷。在日常交际中，我们经常感受到赞美的魔力，不仅能打动他人，也使自己获得了友情和帮助。人总是对自己最感兴趣、认为自己最重要，希望被人赞美，那么，在与他人的交往过程中，我们应该遵循一个原则：尊重他人，肯定他人，并真诚地赞美他人。

在赞美他人的时候，一定要在心里问自己“哪里、哪里”，对方漂亮在哪里，好在哪里，这样，你的赞美由于有了针对性而打动对方，甚至，有可能会产生神奇的效果。我们要明白，当我们赞美对方“真好”“真漂亮”的时候，他内心深处就立即会有一种心理期待，很想听听下文，到底“好在哪里”“漂亮在哪里”，这时，如果没有针对性的表述，对方该是多么失望啊。

就赞美而言，也是需要一定的技巧的。我们对他人的赞美不能太笼统，而是需要针对性。在生活中，我们经常听到“你这个人真是太好了”，虽然，这听上去就是一句赞美的话语，但是，具体好在哪里呢？赞美者却没能说清楚，给人一种虚假的赞美，如此的赞美，不仅不能打动人心，反而令人生厌。因此，在赞美他人的同时，我们需要有针对性地赞美，比如，对男人你可以夸他帅气，对漂亮的女人你可以赞美她的打扮，对一个母亲你可以赞美她的孩子可爱，对上司你可以夸他的领导力。

那么，如何能做到具体的赞美呢？

1. 赞美对方的某个动作或行为

在生活中，泛泛的赞美很快就让我们词穷了，除了真好、真棒、你是最棒的，超不过10个词，然后就没什么可说了。怎么才能做到针对性地赞美他人呢？其实，我们很有感触，比如，如果你见到一个人，不说你漂亮，而是说“今天的发型让你神采奕奕”，这样，对方是不是会更高兴呢？因此，与其说那些空泛的赞美不如说出最让你满意的某个动作或者行为。

2. 针对不同类型的人

在赞美他人的时候，我们还需要针对不同类型的人作出恰当的赞美。比如，见到一个孩子，你不能说潇洒，而是聪明、可爱、懂事；见到漂亮的女人，就应该赞美其漂亮；见到男人就应该赞美其潇洒帅气。如果你对他们没有针对性的赞美，对方定会觉得你是虚情假意，又怎会被你打动呢？

给他人戴高帽，也要讲究一定的方式方法

卡耐基曾说过：“当我们想要改变别人时，为什么不用赞美来代替责备呢？纵然部属只有一点点进步，我们也应该赞美他，因为，那才能激励别人不断地改进自己。”赞美他人，绝对算得上是一件好事，但绝不是一件容易的事。我们在赞美别人的时候，需要审时度势，还需要掌握一些方法，否则，即使你是真诚的，也会将好事变成坏事。不同的人在赞美别人的时候，会用到不同的方法：有的人喜欢采纳直接的赞美方式，“你真是太漂亮了”；有的人喜欢使用比较意外的方式，“今天的菜格外美味，你的厨艺越来越好了”；有的人喜欢背着别人的面赞美他人，传到了当事人的耳朵里，没想到效果却是出奇的好。如何才能使赞美发挥出应有的效果？如何才能通过赞美来打动他人？这就需要我们在赞美他人时讲究一定的方法，方法对了，赞美的效果就会出来了，那时

你还会担心打动不了人心吗？

有记者曾问史考伯：“你的老板为什么愿意一年付你超过100万元的薪金，你到底有什么本事？”史考伯回答说：“我对钢铁懂得并不多，我最大的本事是我能使员工鼓舞起来，而鼓舞员工的最好方法，就是表现真诚的赞赏和鼓励。”原来，史考伯就是凭着赞美他人，而达到了年薪100万的高薪。不难想象，史考伯先生一定是精通了赞美的方法，否则，怎么能将赞美发挥出那样大的作用呢？下面，我们就列举几种简单的方法，以供你参考借鉴。

1．出人意料的赞美

赞美来得比较突然，也会令人惊喜。比如，丈夫下班回家后，见妻子已经摆好了饭菜，不妨称赞妻子几句，妻子本来看似应该的行为，却受到了丈夫的赞美，作为妻子来说，心情是愉悦的。而且，在生活中，如果你赞美的内容出乎意料，也会打动对方的。

2．直接的赞美方法

在生活中，我们常见的赞美方法就是直接赞美，比如下属与上司、老师对学生、长辈对晚辈等，这样直接的赞美方法比较及时、直接，能够很好地鼓舞他人。如果你发现了对方身上有什么特点，不妨直接告诉他“你最近工作业绩不错，快破了上个月的销售记录了，继续努力”。

3．夸张的赞美方法

夸张的赞美方法又称为激情的赞美方法，拿破仑曾这样赞美他的妻子：“从来没有哪个女人像你这样如此忠贞、如此火热、如此情意缠绵。”在这里，赞美可以使你获得爱情，同时，还可以缓和矛盾。那些无法掩饰的赞美之情，使得我们的另一半十分的受用和满足。

4. 间接的赞美方法

有直接的赞美方法，就有间接的赞美方法。在日常生活中，如果我们想赞美一个人，不便当面说出或没有适当的机会向他说出的时候，你可以在他的朋友或家人面前，适当地赞美一番，而且，这样赞美收到的效果将会更好。比如，当着下属的面赞美另一位员工“我觉得小王挺不错的，工作很认真，踏实能干，我很欣赏他”，等到这些话传到了员工耳朵里，他肯定会加倍努力工作来表达内心的感激。

无意的赞美，让对方悦耳及心

在社交活动中我们常常会与陌生人打交道，最易接近陌生人的方式就是赞美。学会赞美陌生人，有助于与陌生人缩短距离，以达到交往的目的，提高交往的效果。因为，从心理学的角度来说，在这大千世界中，每个人都很渴望别人的赞美。人的一生中，需要自我定位、自我欣赏、自我发现，更需要他人的肯定、鼓励和真诚的赞美。陌生人也是如此，如果能在初次见面中就能说出令对方悦耳的赞美之言，必定能让对方打开心扉。

心理学家威廉·杰尔士也说：“人性最深切的需求就是渴望其他人

的欣赏。”也正是因为这样，赞美具有一种不可思议的推动力量。对一个人真诚的赞美，正如沙漠中的甘泉一样让人的心灵受到滋润。而当你赞美他人的时候，别人也就会在乎你存在的价值。与陌生人之间的关系就会越进一步，双方的关系也会融洽起来。

赞美别人尤其是赞美陌生人并不是盲目的。那么，究竟怎样才能较好地把握住赞美陌生人的艺术呢？

1. 在赞美陌生人之前，要对所赞美的对象有个初步的了解

古人云：言为心声。首先要观察对方的举止，倾听对方的言谈。根据其口音，判断对方是南方人还是北方人、家乡等；通过其言谈，可以透露其职业的蛛丝马迹，每个人的言谈举止都会带有职业的特点；观其色，通过其表情可以观知其好恶，对什么较感兴趣。了解了这些，你对陌生人的赞美就不会毫无边际，而会通过自己的赞美引起对方的注意，激发其兴趣，达到你要赞美他的目标。比如，“看您的穿着这么得体，一定是服装方面的行家里手，这件事我想听听您的高见。”这句话能使对方对你产生好感，觉得你很有礼貌。

2. 真诚地赞美

无论是赞美熟人还是陌生人，真诚都是第一条原则。虚伪和做作是苍白无力的，唯有真诚赞美才会春风拂面。虚情假意的赞美，往往被人认为是讽刺挖苦或者是溜须拍马，会让人感到恶心，被他人鄙视。俗话说：“心诚则灵。”要赞美陌生人，首先自己要做个有心人、细心人和热心人，了解被赞美对象的思想、生活、工作、学习情况，发现他们每

一个细小的优点或长处，并进行及时的赞美，切忌虚情假意。

真诚地赞美来自内心深处，是心灵的感应，是对被赞美者的羡慕和钦佩，能使对方受到感染、发出共鸣的关键。

3．及时赞美

很多人做了好事或者获得了成功，都很想得到赞美，但是世界上任何事物无不以时间、地点、条件为转移。很多事情，只要时过境迁，就没有办法再追回了。所以，请记住，和陌生人说话时，如果你突然发现了一些别人身上的优点，那么就不要再犹豫了，也不要羞怯，请立刻告诉他。这个是最能赢得别人好感的方法。

4．赞美有度

赞美陌生人也要掌握一定的原则，要保持恰当的距离，因为陌生人之间互不了解，有很多职业具有不同程度的保密性，所以称赞时，不要像对老朋友那样随意，否则，会引起对方的反感。

赞美时不要口无遮拦，要把握赞美的尺度，这样才能做到恰如其分。赞美不到位或者言过其实都会产生相反的效果。

总之，在与陌生人萍水相逢时，要把握好着眼点和契机，这时的赞美不可太具体、详细，内容要宽泛，要显得热情真诚，不要做作。究竟如何赞美，还要具体情况具体分析，若只是生搬硬套，不看对象只会造成事与愿违。只有这样，才能使你的赞美成为敲门砖，才能操纵对方的心理，与其迅速拉近距离，增进感情！

◆第06章◆

说话幽默，妙语连珠的人更受人欢迎

一个人无论从事什么工作，无论处在何种地位，与人交往是不可避免的，也就免不了与人沟通。而现实生活中，无论是谁，都愿意和一个有幽默感的人交谈，而不愿和一个整天板着脸毫无趣味的人相处。掌握一些交流的幽默沟通术，不仅能帮助你更好地与他人进行有效的沟通，还能帮助你处理一些言语交谈中的尴尬问题，让你能顺利地摆脱困境，与他人建立和谐的关系，从而赢得别人的信任和喜爱。

幽默能带给自己和他人意外的惊喜

有人说幽默是语言的艺术，有人说幽默是智慧的最高表现形式，也有人说幽默是一门哲学，到底谁的说法更加准确贴切呢？其实，这些说法都是很正确的，因为幽默具有神奇的能力，所以在生活中总是能够给予人们以意外的惊喜，也处处都得到人们的欢迎。因而，人们对于幽默的各种褒赞，都不曾言过其实。

现代社会，人际关系被提升到前所未有的高度，人脉资源也作为人们成功的必备要素出现，对于人生的成功起到至关重要的作用。在中国，林语堂是第一个把幽默这个词语引进来的人，为了深入阐述幽默，他还专程写了一篇名为《林语堂——论读书，论幽默》的文章。从此之后，幽默真正走入人们的生活，人们也越来越接受幽默，更深入领悟到幽默的独特魅力。

人是群居动物，在现代社会的生活中，几乎每个人都必须要与他人打交道，才能维持正常的生活。尤其是在人际交往中，幽默也表现出非常明显的作用。在西方社会，幽默更是被提升到很高的高度，甚至有些女孩在寻找人生伴侣时，都会把幽默作为一项必须具备的独特品质列为择偶标准之一。在社会交往中，懂得幽默，善于运用幽默的人总是能够拥有好人缘，不管走到哪里都很受人欢迎。当然，对于那些才思敏捷、乐观向上的人而言，幽默的确是天生的。不过，幽默也是可以后天培养的。所以朋友们，如果你们意识到自己不够幽默，这没有关系，只要你们能够多多读书，开阔自己的眼界，增长自己的见识，你们就会具备后天养成的幽默。

有很多人把幽默与低俗的玩笑混为一谈，以为开玩笑或者调侃别人，就是幽默。其实，幽默是智慧的最高表现形式，和低级的玩笑和调侃完全不是一码事。幽默的方式也不拘一格，我们既可以通过智慧的语言充分表现幽默，也可以巧妙使用各种修辞手法，让自己的语言变得生动形象。当然，还可以使用身体语言起到幽默的效果，诸如在《憨豆先生》中，憨豆先生始终沉默不语，但是却能够通过丰富的表情和身体语言，让自己变得非常幽默。不管采取什么方式，只要达到高雅幽默的效果，使人会心一笑，就是成功的幽默，就是事半功倍的、使人愉快的幽默。

美国大名鼎鼎的讽刺小说家马克·吐温就很擅长幽默。他特别喜欢读书，因为自己家藏书不足，所以他就去邻居家里借书。然而，他的邻居特别小气，不想借书给他，因而在他又一次去借书时，邻居佯装无奈地说："我当然可以把书借给你，但是我和妻子之间刚刚制定规矩，从我家借书只能在我家里阅读。"没过几天，邻居因为自家的割草机坏了，所以来向马克·吐温借割草机使用。马克·吐温以其人之身还治其人之道，笑容满面地说："借割草机当然没问题，可惜我也刚刚和我妻子制定规矩，借用我家的割草机只能在我家的草地上割草使用。"邻居听了他的话不由得哈哈大笑，但是却无法反驳，也意识到自己的做法是有欠妥当的。

还有一次，马克·吐温要去位于另外一座城市的大学讲课，他时间紧张，火急火燎，但是火车的行驶速度非常慢，简直和蜗牛一样。火车出发没多久，查票员来到车厢里检票，问马克·吐温："先生，请出示你的车票。"马克·吐温拿出一张儿童票给检票员看，检票员认真检查车票之后，对他说："太好玩了，先生，我怎么看您也不像是个孩子啊。"马克·吐温对于检票员的嘲讽不以为然，而是慢条斯理地说："我买票的时候还是个孩子呢，都怪火车走得太慢了，我现在已经长大成人了。"听到他的话，检票员和周围的乘客们全都情不自禁地笑了起来。

马克·吐温使用委婉的方式让邻居意识到不应该过于小气，也间接告诉检票员，火车的爬行速度实在太慢了。他的幽默，虽然一针见血地指出了问题所在，却能够很好地使谈话氛围保持融洽愉悦，也避免了因为语言过于犀利，得罪他人。

幽默是一种难得的能力，懂得幽默的人不但能够愉悦自己，也能够给身边的人带来快乐。这样一来，我们就会生活在快乐之中，怎能不经常笑一笑十年少呢！

幽默不但需要极高的智慧，还需要渊博的知识作为基础，这样才能帮助我们最大限度发挥幽默的能力，也使得我们的幽默变得更加高雅。

幽默不同于低俗的玩笑，真正的幽默是清新脱俗的，是受人欢迎的。

巧用幽默化解各种矛盾

幽默是人际沟通的洗涤剂。幽默能使激化的矛盾变得缓和，从而避免出现令人难堪的场面，化解双方的对立情绪，使问题更好地解决。

不论在任何时候、任何场合，幽默都能帮助善于与人交流的人打开人与人沟通的大门。只要你稍微留意一下，生活中到处都可以发现许多不易为人察觉的幽默。在日常生活中，一句妙言、一则笑话或者是一段小故事就能够让我们消除紧张、化解矛盾、摆脱尴尬、永葆和谐。正如爱默生所讲：“如果你想统治这个世界，就必须使这个世界有趣。”

生活中尴尬局面是不可以避免的，假如你这时能来点幽默，就会在很短的时间内营造出热烈的气氛，摆脱窘境。就像富兰克林·罗斯福所说的那样：“幽默是人际沟通的洗涤剂。幽默能使激化的矛盾变得缓和，从而避免出现令人难堪的场面，化解双方的对立情绪，使问题更好地解决。”

一般来说，与人有一点摩擦是很正常的现象，但是我们要懂得如何把这种摩擦降到最低限度，并学会运用幽默，及时化干戈为玉帛。当你与他人交谈时，如果说话过于严肃，就会在你们之间形成一种难以沟通的气氛，你们之间也就很难轻松愉快地放开思想交谈。但是，如果你在交谈过程中适时说一些幽默的话，那么你们的交谈气氛会更融洽、更富有成效。

幽默是润滑剂。在人与人之间，当矛盾发生时，只有那些缺乏幽默感的人才会把事情弄得越来越僵；而幽默者却不同，幽默在某些情形下会产生一种神奇的效果。幽默的谈吐无论在日常生活中，还是在重大的社交场合，都是不可缺少的。它能使严肃紧张的气氛顿时变得轻松、活泼，它能让人感受到说话人的温厚和善意，使其观点变得容易让人接受。

在适当的场合，以幽默的谈吐来增强交际的生动性和亲切感，已被看成是一个人的优点，可见，学会说幽默的话是何等重要。在社交活动中，不论你只是其中的普通一员，或是身居要职，善于运用幽默的力量，总能让自己获益匪浅。一个人不仅要善于幽默地调侃他人，也要能接受他人的幽默调侃，如此才能赢得友谊，成功建立社交关系，在社交活动中游刃有余，赢得成功。

掌握诀窍，恰到好处的幽默是智慧的体现

幽默是一种优美的、健康的品质，恰到好处的幽默更是智慧的体现，你若想运用幽默这门艺术，就得掌握其中的决窍。

人们的生活因为幽默而更有趣味，有趣味的生活会让人更加愉快。幽默是一种优美的、健康的品质，恰到好处的幽默更是智慧的体现，当你掌握了幽默这门社会交往的艺术时，就会发现，它可以在商务场中让你与人愉快沟通，并能发挥想象不到的作用。那么该怎样说好幽默的话呢？

1. 使用双关语言

所谓双关，即利用语音或语义上的联系，有意使某一词语牵涉两个事物，从而具有双重意义，造成一种言在此而意在彼或亦此亦彼的效果，营造活跃气氛，使对方心悦诚服地接受你的要求。

2. 正话反说

说出来的话，所表达的意思与字面完全相反，就叫正话反说。字面上肯定，而意义上否定；或字面上否定，而意义上肯定。这也是产生幽默感的有效方法之一。

3. 有意曲解

所谓曲解，就是歪曲、荒诞地进行解释，以一种轻松、调侃的态度，对一个问题进行广泛地解释，将两个表面上毫不沾边的东西联系起来，造成一种不和谐、不合情理、出人意料的效果，从而产生幽默感。

4. 夸张

将事实进行无限制的夸张，造成一种极不协调的喜剧效果，也是产生幽默的有效方法之一。

凡事都要有个分寸，幽默也要适“度”。如过了度，则其效果肯定也会适得其反。因此，应掌握恰如其分的尺度，还要因时、因人、因地和因内容而定，避免误入禁区。

真正的幽默来自于攻其无备、出其不意的灵光一现

莎士比亚曾说：“幽默和风趣是智慧的闪现。”真正的幽默，往往来自于攻其无备、出其不意的灵光一现。一句出人意外的话，使人们感受或联想到一种意料之外的结果，由巧合和言外之意带来的韵味，往往会令人忍俊不禁，笑后又觉颇有意味。

在某次演讲大会中，第一位先生洋洋洒洒的大段演讲，占据了大会一半的时间。台下的听众们开始时还饶有趣味，到第一位先生下台时，有大半的听众早已昏昏欲睡。

这时，第二位先生款款地走上台去，听着台下那出于礼貌性的、稀稀拉拉的掌声，他突然将演讲稿扔进垃圾桶，并清了清嗓子，说道："我认为，好的演讲就应该像美女的裙子，越短越好！"此言一出，听众们精神一振，掌声立即响遍了整个礼堂。然而，这位先生并没有"兑现承诺"，他将美女的裙子再次拉长。但与前一位不同的是，他的演讲风趣生动，内容始终紧紧围绕在座听众们关心的话题；并且，他还专门用了大段时间来阐述"为什么演讲一定要简短"这一问题。在他妙语连珠的口才下，听众们聚精会神，掌声、笑声不断，一个小时很快就过去了。

当这位先生下台时，听众们才猛然发觉，自己在不知不觉中"上了当"。然而，演讲者这样"言行不一、自我矛盾"的行为，却让大家又会心一笑，感到了一种别样的风味。

俗话说，出其不意方能一招制敌。很多时候，大段地"演讲"，大汗淋漓地"上蹿下跳"，其"笑果"远不如冷不丁地一句妙语令人捧腹过后而又回味无穷。因为，对于突如其来的"变数"，人们往往是措手不及且毫无还击之力的。只要抓住时机、用好妙言，便能轻轻松松地让大家在瞬间"臣服"于你的幽默。

那么，在展现幽默时，有哪些方法可以助你达到攻其不备的效果呢？

1. 先铺垫，再"下手"

当对话自然、流畅地进行时，突然话风陡变，以一个大相径庭的方向结尾，能带来令人瞠目结舌而又幽默十足的结果。而这种结果，离不开前面对话时作的铺垫。好的铺垫，往往能带来强烈的对比，使幽默的效果更加卓著。例如，一位老太太拿着一本旧的作业本来到某位政客面前，让他评判作业本的主人。政客傲慢地说："这么潦草的字迹，这么破的作业本，这孩子又懒又不听话，不会有什么出息的。"老太太冷笑道："这是你小时候的杰作。"

2. 先"荒唐"，再解释

这是一种转折表达法。先向他人讲述一个令人听来匪夷所思、荒诞不经的结果或观点，当对方莫名其妙时，再给出合理而巧妙的解释。例如，一人听说股市暴跌，忙去问他的朋友最近心情如何。朋友说自己每天睡得像婴儿。那人正惊叹朋友心态好时，朋友解释道："经常是睡着睡着就哭醒了。"这样，既表达了自己遭遇股市重挫的心情，又不失时机地幽默了一把。

3. 先承诺，再"变卦"

当语言和接下来的行动很不一致，形成一定的反差时，有时会带来"冷幽默"的效果，令他人在反应过来时哑然失笑，却又为这种趣味所动容。前文故事中的第二位演讲者，就是利用了这种方式来给自己的演讲制造了演讲内容本身之外的又一重幽默。

冷暖相宜、不浓不淡的幽默让人更舒服

任何事物都有它合适的温度，幽默也是如此。如果将幽默也比喻为水，那么，最受普罗大众欢迎的，相信永远是那一杯不冷不烫、温度适宜的温水，也即是那一份冷暖相宜、不浓不淡的幽默。对于大家来说，如果说插科打诨、动辄让人哈哈大笑的幽默有些过于热烈，那么晦涩难懂、总是令人费解无感的幽默也难逃枯燥、冷僻之嫌。

办公室新来的张洁，为了能尽快融入这个新的大家庭，可谓煞费苦心。经过一段时间的观察，她发现整个办公室的氛围十分融洽，大家其乐融融，每个同事都爱说笑，尤其那几个男同事，更是好玩闹的人，经常都逗得人喜笑颜开。

从小就“笨口拙舌”的张洁决心好好改造自己。这不，眼见最近办公室流行冷笑话，她赶紧废寝忘食地上网搜索，从一大堆冷笑话中挑出自己看了都“汗毛直立”的几个，背下来后讲给同事们听。同事们听了，个个儿变得愣头愣脑，好半天都弄不清张洁想表达什么。几个反应快的小伙子想明白后，赶紧干笑几声，算是给张洁捧场。

张洁讲了一段时间冷笑话后，发现自己的“人气”不升反降，又开始改变战略，恶补起了那些专门恶搞的综艺节目。她甚至买来和节目主持人一样的夸张的饰品，模仿主持人的腔调和动作，在工休时间给大家表演。这次的“笑果”令张洁十分满意，大家都乐得前仰后合，连午觉都睡不着了。

然而，时间久了，张洁又有了新的烦恼。大家笑归笑，却并没有对她展现出进一步的好感。就连那个曾经偷偷给她塞情书的男同事，对她的态度也渐渐冷淡了。

老舍先生曾经说："人的才能不一样，有的人会幽默，有的人不会，不会幽默的人最好不必勉强。"对于每个人来说，幽默的定义不尽相同，能够接受的幽默的温度也不一样。我们想要变成大受欢迎的幽默之人，至少要先让自己的幽默温度合乎大众的接受程度。否则，只会令他人觉得你是"勉强幽默"的人，不仅索然无味，而且相处不如回避。

那么，该怎样做，才能让自己的幽默冷热适中、众口皆宜呢？

1. 少用晦涩、专业的语言

幽默可以展现风采，体现学识，但幽默是为了润滑人际关系，为了让我们更好地融入自己的社交圈子，而不是为了表现而刻意为之。幽默，应当婉转含蓄，但绝不应晦涩难懂。有些人总喜欢用一些专业术语或是大众不甚理解的晦涩之言来体现自己的博学，然而就在他得意洋洋地"玩转幽默"时，其他人大多丈二和尚摸不着头脑。他的一番显摆，也就白费了功夫，有时甚至还会让人觉得此人不善沟通、难以交流。

2. 少用过于粗俗、直白的语言

幽默不是闹剧，更不是哗众取宠，不是跳梁小丑般地刻意表演。有些人误解了幽默的含义，为了提升自己的幽默能力，总是从一些无厘头电影或恶搞的综艺节目中生搬硬套一些台词或是段子来丰富自己的语言。有的人甚至不惜以刻意丑化自己为手段来博人一笑。这种笑话不仅毫无营养，也会让你的形象大打折扣。女性的幽默，应当是自然的、从容的、含蓄而又智慧的。

3. 要有内容，也要有情感

幽默应当有丰富的内涵，让人在会心一笑之后还能有绵延的回味。一句俏皮的回答，体现着我们的智慧，我们的涵养，以及我们对于人生积极乐观的态度。同时，幽默也要注意情感倾向。幽默可以是一种善意的调侃，一种委婉的提点，但不应是刻薄的挖苦，或是冷漠的嘲笑。

一点幽默，就能让智者化险为夷、反败为胜

中国音乐学家钱仁康曾经说过：“幽默是一切智慧的光芒，照耀在古今哲人的灵性中间。凡有幽默的素养者，都是聪敏颖悟的。他们会用幽默手腕解决一切困难问题，把每一种事态安排得从容不迫，恰到好处。”是的，对于平淡的生活来说，一点幽默，就能闪耀出智者的光芒；对于突如其来的变故来说，一点幽默，就能让智者化险为夷、反败为胜。

在历来为人称道的周恩来总理的外交智慧中，幽默，也是他的一项绝活。

上世纪五十年代的某天，周总理为了招待外宾，特意备下宴席。宾客们看着色香味俱佳的菜肴，纷纷赞不绝口，更是对这些菜肴有如工艺

品般的造型青睐有加。不巧，正当大家啧啧称奇时，一个雕成了中国传统图案的笋片在汤里翻了身，变成了纳粹标志“卐”。来宾见此，均瞠目结舌，大为吃惊。

周总理见状，并没有慌张，而是微微一笑，说道：“这不是法西斯标志，这是我们中国的传统的一种图案叫‘万’字，象征福寿绵长的意思，是对客人的良好祝愿。”说完，他又环视四周，朗声说道，“就算是法西斯标志也没关系嘛，我们大家一起来消灭法西斯，把它吃掉。”

这番话一说话，在座的宾客们都哈哈大笑起来。大家纷纷将手中的餐具伸向了那道菜。不一会儿，菜肴就被吃得干干净净。

幽默，是我们生活中不可缺少的佐料，更是人际关系中必备的润滑剂。一个懂得幽默的人，或许不能获得所有人的喜欢，但也绝不会招致大家的厌烦。一个善于运用幽默的人，往往能在与人交往中人见人爱，左右逢源。

那么，为什么说幽默是一种智慧的表达方式呢？对于我们来说，幽默的口才，能为我们带来哪些便利呢？

1．化解矛盾

无论是学习、工作还是生活，在各个方面，我们总会或多或少地遇到一些竞争，存在一些对手，因此，我们也难免会遭遇一些来自他人的“敌意”，处于各种始料未及的矛盾中。在这种情况下，如果针锋相对，势必引起对方更大的怒火，使摩擦加剧，事态扩大；反之，若我们能以开朗的心态和幽默的语言来化解，不仅能尽量使自己全身而退，也给了对方一个大大的台阶。

2. 化解尴尬

无论是我们自己还是他人，生活中难免遭遇尴尬。尴尬的气氛对于每一个人来说，都不是什么美好的体验，谁也不想在其中多停留一刻。此时，如果我们能适当地讲个小笑话，或是以自嘲的方式博人一笑，转移话题，那么，无论处于尴尬的是你还是旁人，都能够从这种氛围中解脱出来。而你的幽默，更是会给人留下美好的印象。

3. 使你更受欢迎

对于大部分人来说，生活本就平淡乏味；对于很多人来说，人生更是忙碌艰辛。相信对于大家来说，鲜少有人喜欢与整日愁眉苦脸的人交往；对于人们来说，也不愿意与说话刻板枯索的人多作交流。只有开朗的人，才能为身边的人带来积极的力量；只有幽默的人，才是人们争相追逐的快乐的源泉。

◆第07章◆

智趣妙语，助力爱情甜蜜家庭美满

爱情是人世间最美好的赐予，的确，没有人会拒绝被爱，但获得甜蜜的爱情和婚姻，还需要我们学会经营，其中重要的一点就是言语，因为爱是要表达的，这就是为什么人们总说“谈”恋爱。因此，懂得说些甜言蜜语，才能让对方如沐春风，才能让爱情之花开得鲜艳夺目，芬芳四溢。

智慧的妻子，懂得将婚姻中的语言艺术化

将婚姻中的语言艺术化，让你的话语既能表达自己的感受，又让对方接受，是身处婚姻中的女人必修的一门课。

“围城”里难免潜伏着两个人的战争，但战争的走向如何，是矛盾升级，还是言归于好，主要取决于妻子的言语。有时，恰到好处的一句话，不仅能平息争论、掌握主动，还能让你们的婚姻更加亲密、快乐和融洽。

有时，一场争执往往在所难免，错误信息的传递眼看就要引发夫妻大战。如果能有一些更好的方式来表达你的感情那该有多好……其实，只是字眼的小小改变却能令你所表达的意思有很大的不同。关键在于调

节你的情绪不要带着火气和抱怨。这才是创造和谐关系的秘密所在。

1. 将“你令我简直发疯了”说成“你的做法令我很难受”

你得明确表达是什么在影响着你的情绪，笼统地否定一切只会令婚姻关系愈加紧张，解释清楚你生气的理由极为重要。你需要强调他的行为带给你的感受，但不要列出一大堆的抱怨和委屈清单。要记住：一次只指出一个问题，诸如，“当我想跟你说话而你只顾自己看电视时，真的叫我很难受。”

越早说出自己当时的感受越好。奥尔森博士解释说，而“你令我简直快疯了”这句话意味着你的情绪经过长时间的压抑之后已经上升到了一个过激的水平。

2. 将“我就是想离开你”说成“那给我一种想要离开你的感觉”

很多夫妻吵架后，妻子会负气地说：“没错，我就是想离开你。”这种话听上去有一些威胁的味道，它可能会令对方产生一时的震惊，但这往往是很危险的。你的丈夫可能会说“再见”，然后转头真的离开！或者讽刺你的言行不过是做做样子，然后对你的愤怒和伤心更加若无其事。而这两种结果都是对你极为不利的。因此，在寻求沟通的时候，千万不要盲目，不要让你的话真的“覆水难收”。

3. 将“我知道你就会那样说”改成“你以前就曾那样说过”

当你用十分不耐烦且责备的语气说“我就知道你会那样说”时，无异于是在骂他“笨蛋、愚蠢”。轻蔑会加快婚姻的崩溃。因此，除非你真的不爱他了，不想继续你们的生活了，否则不要说这种轻蔑丈夫的语言，因为它的攻击力往往比直接咒骂丈夫更加厉害。

较为明智的表达是：“你以前就曾经这样说过，所以它一定还在困扰着你。”这样说，既真诚地考虑到了他的感受又表明你希望能为解决问题做些什么。对生活中彼此每一点细微之处都试着去体会和沟通，你们的婚姻才会更为牢固。

4. 将“你怎么总是不听我说”改成“我希望你能听听我的建议”

《爱在平等间：如何真正让婚姻平等》一书的作者，美国西雅图华盛顿大学的社会学教授佩伯·施沃兹指出：“使用‘总是’‘从不’这样的字眼，你的丈夫此刻就不可能和你进行正常的交谈。”因为你这种责备的语言不仅伤害了丈夫的感情，而且还夸大了自己的怨气，更加让对方无法接受。

而将话语说成“这对我很重要，希望你能认真听听”，则会令你有机会说出被他拒绝的话，而且可以提出解决问题的建议。当你真的说出这句话的时候，相信你的心情已经开始平静了。

5. 将“你怎么能那样对我”说成“你这样做会令我很伤心”

深夜时分，一对夫妻争吵起来，丈夫生气地摔门出去，这令妻子更加伤心。第二天，丈夫回家后，妻子用担心的语气说：“你为什么那么晚还离开家呢？这让我很担心，没有什么事情比你的安危更令我抓狂的了。”话一出口，丈夫也觉得自己昨晚摔门而出的做法真的不妥，两人彼此道歉后，平心静气地谈了出现分歧的问题，很快便打破僵局，重归于好。

相互指责并不能很好地解决问题，而且还会令夫妻双方受到更大的伤害。因此，即使对方的做法不要，也不要轻易说出指责对方的话，你可以清楚地表达自己的感受。当你说出自己的感受时，身为男人的他，会开始深刻检讨自己，并对你的感受做出积极响应。

有爱情就有争吵，有争吵就有妥协，关键是看你采用什么样的战术。男人和女人的想法、行动都不同，甚至连吵架的方法、原因都不同。也许根本就不是什么原则问题，而是你俩在交流的过程中出现了盲区。所以说，在出现矛盾的时候，不要急于争执，如果你把话转个弯、换个表达，或许你们之间的情感将会越来越深厚。

难免争吵，如何把架吵得有滋有味

即使是最恩爱的夫妻，相互间也难免发生争吵。如果争吵起来不加控制就可能引出意想不到的坏结果，所以，争吵时有必要控制好“度”。

家是讲爱的地方，不是讲理的地方。夫妻之间没有什么深仇大恨，但是朝夕相处中，吵架是难免的。生活中遇到不快，吵一架，也算是一种发泄，一种交流。但怎么才能把吵架吵得不伤害感情，不两败俱伤，反而能成为感情的催化剂，使得两人越吵越亲，感情指数上升，则是一门很大的学问。

一个会说话的人会把争吵变成感情的催化剂，而不会说话的人则会让感情在争吵的硝烟中慢慢飘散。英国最新的一项调查表明，如果吵架讲艺术，并且善用吵架“秘诀”，架吵得好，也许可以成为两人感情的催化剂，使你们的感情在经历“冲突”之后，比以前更加稳固和坚实。而这就取决于你是否能够巧言应对。这要注意以下几点：

1．不抢话头

吵架的时候，一些人总是不等对方把话说完，以为自己完全知道他想说的是什么，这无非是“借口”而已。

如果你拒绝倾听，那么对方怎么会注意倾听你的想法呢？告诉对方你的理解，以此来确定这是否是他想要表达的。在争吵时，常常用“你是说……吗？”“你的意思是……”的句型重复对方说过的话，如有误差则让他纠正你的错误理解，这样才能达到聆听的目的。避免因为误会引来更大的争吵。

2．不揭短

一般说来，夫妻双方十分清楚对方的毛病和短处。比如，对方存在生理缺陷，个子小，或有过失足等。在平时，彼此顾及对方的面子而不轻易指出。可是一旦发生争吵，当自己理屈词穷、处于不利态势时，就可能把矛头对准对方的短处，挖苦揭短，以期制服对方。

有道是“打人莫打脸，骂人不揭短”，人们最讨厌别人恶意揭短，这样做只会激怒对方，扩大矛盾，伤及夫妻感情。

3. 不翻旧账

有的人在争吵时，喜欢把过去的事情扯出来，翻旧账，拿陈芝麻烂谷子做证据，历数对方的“不是”和“罪过”，指责对方，证明自己正确。这种方式也是很愚蠢的，不但无助于解决眼下的矛盾，而且还容易把问题复杂化，新账旧账纠缠在一起，加深怨恨。争吵时最好就事论事，不前挂后连，这样处理问题，才容易化解眼前的矛盾。

4. 不贬低对方

夫妻争吵时难免各执一词，都觉得真理在自己这边，有的人最易胡搅蛮缠，往往使用评价性语言贬低对方。比如：“和你说话简直是对牛弹琴！”“你这个人四六不懂，简直不可理喻！”这些贬低对方的话，同样容易刺伤对方的自尊，对方为了维护自己的尊严，会一直争吵到底的。

5. 不涉及亲属

有的人在争吵时，不但指责对方，而且可能冲出家门，把对方的老人、亲属也裹进来。如说：“你和你爸一样不讲理”“你和你哥一样混账”等。如此把争吵的矛头指向长辈是错误的，也是对方最不能容忍的。

总之，争吵时只要人把握好了度，就不会伤及感情，“雨过天晴”，两人又会和好如初。

道歉与原谅的话也能说得出彩

张炬和王丽是同级不同班的两个学生，在一次开运动会时两个人相识，后来关系发展到好朋友的地步。

在交往中，王丽得知张炬是一个爱好文学的青年，尤其是爱写诗歌，已经有几首诗歌见报了，所以她一直很敬佩张炬。一次，王丽大胆地提出要看看张炬的诗稿。张炬二话没说就把自己刚刚完成准备投稿的一些诗歌给了王丽，让她先睹为快。

谁知，王丽拿着那些诗稿欣赏的时候把诗稿弄湿了，上面的字迹已经变得模糊不清。王丽心里又是内疚又是着急，觉得没法跟张炬一个交代，自己也不好意思去直接面对张炬讲清原因。情急之下，王丽拿出来手机给张炬编辑了一条短信说明了原因并请求他原谅她的过失。

张炬看到短信时笑笑说："不就是一些诗稿嘛，打湿了就打湿了呗。大不了我重新再写一遍，值得你这样担惊受怕吗？"

随后，张炬并没有直接打电话告诉王丽要原谅她，而是借题发挥地就这件事情创作了一首专门给王丽的诗，并且用短信的形式发到了王丽的手机上。

就这样一来二往，他们两个人的关系又回到了以前的好朋友。

道歉是朋友之间常发生的一个小事，而学会道歉却是如何做人的一件大事。道歉的目的就是取得对方对自己的原谅，对方原谅了自己则说明道歉起到了一定的效果。有时候道歉可不是随随便便给对方说声

“对不起”就了了的事情，所以道歉也得讲求一种技巧。就像案例中描述的，王丽犯了错误要给张炬道歉，不是直接跑去跟张炬说了声“对不起”，而是她借助手机短信这一媒介来消除自己的紧张。王丽这样做既让对方知道自己错了，又避免了直接面对面时的尴尬和紧张气氛。而张炬的做法更是与众不同，利用创作诗歌的形式去原谅朋友所犯的错误。张炬这样做既原谅了对方又赢得了朋友的一颗心，还使整个过程充满了浪漫色彩。

道歉与原谅并不是各自说一句“对不起”“没关系”这样的套话，而是要真正赢得朋友的信任。在恋人之间，更不能用像“对不起”“没关系”这样死板的话来取得恋人的爱。那么，在你和你的恋人之间犯了错误，怎么样才能真正赢得恋人的谅解和信赖呢？

1. 顺水推舟，解自己难围

试想一下，当你在朋友家里做客时，不小心弄坏了她心爱的影集时，你一刻也不停地马上向她道歉，她的心里会是怎样一种感受呢？你弄坏了她心爱的东西，她本身心里就很窝火，你再在她身旁叽里呱啦地说个不停，她能原谅你吗？

她真心地在你的面前请求你原谅她的时候，想必你的心里也不是滋味，所以你也急需一个让你表现大度的机会。面对错误，在适时的时候做出给对方的回应，同时又要想得到对方的原谅，试着来个顺水推舟，将别人请求你原谅的机会当作给自己解围的机会。

2．及时宽容是原谅的开始

人都会犯错误的。当你对你所犯的错误犯难时，多么希望得到恋人的原谅啊。我们想要原谅一个人时，不是在对方说了一句“对不起”时马上就说声“没关系”，这样的原谅反而使你显得没有诚意，没有真心真意地原谅他的过错。

当我们犯下了不可避免的错误时，自己心里觉得很是对不住自己的恋人、很是愧疚，所以就要征得她的谅解。面对这样的情况，我们首先要冷静地考虑一下自己为什么会犯这样的错误，下次怎样才能避免同样的错误发生，等你想清楚了再去向她道歉。

坦然面对自己的错误和别人所犯的错误，给自己或犯错误的人一个改过自新的机会，我们的心里就会踏实许多的。要用一颗宽容的心去面对朋友的错误，才能找到真正的朋友。

3．道歉和原谅是一对好朋友

“知错就改的同志是好同志”，我们在生活中难免会发生一点错误，而自己犯了错误心里就会内疚，所以就会需要大家的理解与原谅。有了犯错误的人，就会有原谅错误的人。在恋人之间，多用原谅的心态去交流，去理解对方、宽容对方，久而久之恋人之间的感情就会形影不离了。

道歉和原谅本是一对好朋友，在恋人之间、好朋友之间才更能体现出它的人情味来。

使出撒娇的杀手锏，抓住男人心

撒娇是女人的杀手锏，用女性特有娇柔嗓音和态度，娇嗲嗲地说出自己的要求，没有哪个男人会不买账。有人说："女孩子撒娇的时候最具有女人味，无论是委屈，含泪欲涕的样子，还是嗔怒的样子，都别有一番风情。"对恋人有不满，埋怨，与其吵闹，不如学着撒娇，使小性子。

1．换个称呼

女孩子喜欢给恋人起外号，也是撒娇的一种，比如，娇嗲嗲地说一声"死木头，过来"，对方一定会暗中兴奋。绰号要有创意，大叔、大灰狼、呆瓜、小野兽等都是男人比较喜欢的外号，私下不妨多用用，男人更容易心动。

2．争吵后撒撒娇

撒娇是处理恋人间矛盾和尴尬的最好方式。争吵过后，一边委屈的嘤嘤哭泣，一边娇滴滴地抱怨"人家是女孩子嘛，你就不会让一下……""你欺负我，我再也不理你了……"男人多冷硬的心都会融化掉了，哪还回想得起来什么火气，什么脾气，只能认命的一边承认错误，一边哄女人。这时候，可以哭得更厉害，更委屈，让男人心都碎了，然后哭着哭着，哭够了，脸上还带着泪水，却扑哧一声笑了，仿佛雨后的桃花突然遇到了万丈光芒，既清纯又娇艳无比，男人哪还想得起来刚才受过的怨气。

3．用撒娇代替颐指气使

与其横眉竖目地叫嚷“没看见我拿这么多东西，还不来帮我”“今天该你煮饭，别想偷懒”，不如娇软温柔地说一声“帮帮我吧，看人家的手都红了”。这时候男人拎着再重的东西，也会不介意地把累赘扛上自己的肩头。或者懒懒地说上一句：“人家今天都累了，可不可以麻烦你煮饭。有奖励哦！”说完暧昧地挤挤眼睛，任何男人都不会忍心拒绝。撒娇就是一种痴缠，如果你不同意，她就会缠住你不放，要点小无赖也是一种撒娇的手段。撒娇往往比颐指气使地支使更好用，让对方更心甘情愿地帮你。

4．用央求代替征询

很多时候女人会问男人“怎么样”，其实是希望对方答应她的要求。比如“星期天一起去露营，怎么样？”比较小的要求，对方当然乐意奉陪，如果有分歧的事情呢？比如他想用一笔钱买冰箱，你却希望买电脑，这时候的“怎么样”往往会变成争吵的导火索，尤其对方不答应，而自己不爽的时候。不如使用“好不好嘛”，然后一边撒娇，一边摇晃对方，直到他答应你的要求。或者干脆灌点迷汤“我就知道你最好了，一定会答应，是不是？好啦，好啦，你答应吧！”哪个铁石心肠的男人会舍得拒绝？

5．献点殷勤

“我今晚做的饭好不好吃？”“我给你买的衬衫喜不喜欢？”“明天我休息，在家陪你一整天好不好？”“忙了一整天，累吗，我帮你按摩一下吧！”先献点小殷勤，然后再提出自己的要求，只要不过分，男人往往都会接受。

6. 平时多说些女人的特用词

如“讨厌”“你好坏哦”“人家”“不理你了”之类具有女性特别的娇柔和表示亲昵、暧昧的词汇，有一点“嗔怪”，有一点“孩子气”并不是每个男人都有资格听。这种男朋友专享的“撒娇词汇”，往往让男人拿你没辙，还特别享受，得意。

另外，撒娇、使小性子，最好在私下进行，在公开场合或者男人大为光火的时候，就不要火上浇油了，否则，很可能起到反作用。

女人不能够总是宽容或者总是强硬地对待男人，撒娇会把本来可以酿成一场大战的争吵，变成一个轻轻的委屈，一份含嗔带怒的埋怨，会让男人心甘情愿地做起他本来讨厌的家务，主动帮你扛起笨重的东西。娇憨的请求，往往是任何一个男人都无法拒绝的。

偶尔来点小泼辣，更易捕获男人心

说话太温柔太深情太浪漫的女人，男人有时候也很难消受，“最难消受美人恩”。对于那些长篇大论的“柔情蜜意”并不是每个男人都喜欢，起码，琼瑶式的深情对话，有一半以上的男人难以接受，这时候不妨要点“小可爱”“小泼辣”，更容易俘获男人的心。

说话时，怎样带点小泼辣呢？

1．说话大咧咧

即说话不那么讲究，比较直率，在电视剧《野鸭子》中，有很多泼辣小丫头的经典台词，比如“你们城里的车子，比乡下的蚊子还多呢！”“预备，走。我是一个谜，一个没人敢要的美丽的女人。”“我一个人也不容易，咱们就鸳鸯鸳鸯算了嘛。”有时候，不妨学学她的说话方式。吵完架，跟男朋友说：“吵都吵完了，我也难过，咱们就床头打架床尾和了吧！”跳槽了，“就那工作，只要不傻不彪都能干，让我去做，不是糟蹋咱智商呢吗？”不那么细腻，也不那么娇柔，却直率得可爱。

2．带点小野蛮

打打闹闹中，带点女孩的小野蛮劲，“你不想混了吧”“讨打”“姐是让着你，不稀罕跟你一般见识”带点虚张声势的小野蛮劲的话，更容易让男人感觉新鲜、刺激。

3．偶尔不讲道理，胡搅蛮缠

跟男朋友吵嘴，一定要吵赢他，只要不影响对方的工作，不影响他的面子，就算胡搅蛮缠，也一定要让对方赞同自己。然后得意洋洋地坏笑，再拍拍肩膀“努力吧，哥们”来安慰对方。

会胡搅蛮缠的女人，才是可爱的女人，这种胡搅蛮缠式的泼辣，男人是非常受用的。

4．有点不羁

有点不羁和透彻，即使是复述别人的话也好。比如，“张爱玲说

‘如果你不调戏女人，她说你不是一个男人；如果你调戏她，她说你不是一个上等人。’你想做哪种？”，或者“女人太正经了不好，比如班昭写《女戒》，女人就被你们奴役了一千年；女人太不正经了也不好，褒姒一笑，周国就亡国了，你说这笑得多能迷惑人啊！你想我做哪种？”

这种经典的不羁，常常让男人当场无法反应，有些无语，过后却越想越含义丰富，越喜欢对方。

5．小威胁

女人没有真正意义的“小威胁”，比如“你要对我不好，我就再也不理你了”“你以后要对不起我，我让你妈妈念叨死你”“哼，不交代清楚问题，今天别想睡觉”“不答应我就让你睡一个月的沙发”。这种没有力道和诚意的小威胁，就像小猫伸出爪子虚张声势地挠一把，看起来凶，实际上造不成损伤，而是非常可爱的一种行为。

女人的小泼辣，是生活的一种调剂，能够给平淡的生活增加种种情趣，然而这种小泼辣，一定不能是真正的泼辣野蛮，否则就不被男人欣赏，而要避之唯恐不及了。

做人知趣事事顺

◆第08章◆

少说多听，让你更受欢迎

我们每个人都有两只耳朵与一张嘴，这就告诉我们要多听少说。然而，生活中，真正做到了多听少说的人却不多。仔细倾听别人说话，是对别人的一种尊重、一种赞美。说得多并不是口才好，侃侃而谈、口若悬河只会让别人反感，因此，我们每个人在沟通的过程中，都要尽可能多地让对方说，给对方创造说话的机会，把自己变成以听为主的听众，这样才是真正的把握了话语主动权，也才能听出真心，进而有助于我们达到沟通目的。

少说多听，鼓励他人倾诉

有一个笑话是这样说的：儿子问爸爸为什么人有两只耳朵，一张嘴。这时，看球的爸爸正被拖地的妈妈唠叨得不胜其烦，就指着她对儿子说："看看你妈就懂了，老天爷在提醒我们，少说话，多听话！"看过这则小幽默，会心一笑之后，我们也应该从中悟出一个道理：在人际交往中，少说多听，是保持良好沟通、维持良好关系的一大法宝。

礼拜六的上午，睡到自然醒的凯伊看了眼手机，吓了一跳。十几个未接来电，全是同事兼哥们儿袁海打来的。他以为出了什么事，忙回拨过去。挂了电话后，他却笑出眼泪来。

原来，天生嘴笨的袁海，有心在今晚公司举办的舞会上邀请暗恋已久的艾美共舞一曲，然后和她聊一聊天，套套近乎。他一个劲儿问交际达人凯伊应该聊些什么，才能打开同样不善言辞的艾美的话匣子。

“兄弟莫急，待我起床洗漱收拾一番，这就去你府上，为你指点迷津。”说完这些，凯伊又伸了个懒腰。

到了袁海家，凯伊三两句就说完了教给袁海的话，袁海将信将疑，“就这样，这样能行？”

“放心吧，听我的，准没错。今晚舞会上我就不去当电灯泡了，咱们各走各的，散会了回来，我等你好消息。”

果然，晚上11点半左右，凯伊的手机响了，电话那头，袁海激动得语无伦次，说舞会散场后，他和艾美又找了家咖啡馆，直聊到现在才告别。

“怎么样，我说得没错吧！”凯伊也衷心地为兄弟感到高兴，“艾美平时不说话，是因为没人好好听她说。你只要知道她的兴趣，引导她说出来，再有足够的耐心听她讲，她比谁都愿意说话。”

“真没想到，你连接触不多的艾美都这么了解。”袁海佩服得五体投地。

“我不是了解艾美，我是了解人类的同性。每个人都有想说的话，都希望有人能好好地听他说话，重视他的话，喜欢他的话。这个呀，就叫倾诉需求。兄弟，要追到艾美，任重而道远啊，继续研究吧！”

我们都知道，沟通是一切社会交往的前提和基础。而要做到良好地、有效地沟通，不仅要求我们善于诉说，还要求我们长于倾听。心理研究表明，倾诉，是人类共有的、重要的需求，每个人渴望倾诉，每个人都希望自己的倾诉能被人倾听、被人关注。我们在社会交际中，如果能够学会倾听，学会满足交际对象的倾诉需求，那么，就能在短时间内获得对方的好感与信任，在人际关系中占据有利地位。

倾听，是为了更好地了解对方、认识对方，是为了用更短的时间去掌握更多的信息，是为了令交流双方迅速建立良好的沟通，是为了让沟通少一些障碍，少一些摩擦。

那么，我们在与人交流时，需要注意哪些方面，让自己的倾听更加高效呢?

1. 让对方感受到你的诚意和兴趣

当他人在倾诉时，我们应当适当运用各种信息传递方式，如有声语言的表达，肢体语言的辅助，音调语气的控制等，表现出自己对于这次沟通的诚意，表现出自己对于对方所言内容的兴趣。谁也不愿意和一个毫无诚意或是觉得自己的话题索然无味的对象交流，那只会让自己陷入尴尬，且失去安全感。诚意，是打开人们心锁的钥匙；兴趣，是缩短交际距离的推手。

2. 让对方感受到你的参与

倾听是一个过程，整个过程的原则是少说多听，而绝不是“只听”，少有人能够从头到尾毫无表示而达到高效倾听的目的，这样也无法满足倾诉者的需求；也少有倾诉者能够“目中无人”、片刻不停地从开头说到结尾，他们也不愿意在拥有倾诉对象时依旧自言自语地上演独角戏。既然是沟通，是交流，那必然是相互的，是彼此合作的。因此，作为倾听者，我们依旧要参与到这场谈话中来。你的话可以很少，但不应该没有；你的表情可以不丰富，但不应该凝固。让倾诉者感受到互动，才能让他真正感觉到被尊重。

3. 捕捉信息须从多方下手

聆听他人的倾诉时，我们要展现诚意，我们要展现兴趣，我们要与对方及时互动，而我们给出的这一系列反馈，是否真正合乎对方的心意，一切需要以对方内心的真实感受为准。这些感受，对方很少百分之百地吐露，尤其当交流双方并不熟稔时，我们想要掌握的信息，只能靠我们自己去捕捉。所谓倾听，不只要听，更需要看。就像你的肢体语言能够向对方传达你的心意一样，对方的微表情、小动作，也在透露着他的真实情绪和心理。

有技巧地倾听，听出他人言语中的重点

你是否有过这样的体验：因为某些原因，你无法直言相告一些心里话，只得委婉表达、含蓄开口；而对方却总是毫无知觉，应答之语与你心中之声“驴唇不对马嘴”。这时，无论对方是在装傻充愣，还是真的天真质朴，你都难有再与之交谈的欲望。因为，他听不懂你的话，让你觉得话不投机；你们之间的沟通的障碍，如同重峦叠嶂，让你没有耐心

再去尝试。

听到闺蜜园园离婚的消息，美美着实吃了一惊。正当她不知如何安慰园园时，园园主动约了她，说趁着这个周末天气不错，一起出去逛街喝茶，聊天散心。

两人逛了半天，园园的神色才有些缓解。来到一间咖啡馆，两人挑了一个小包间，点了一壶咖啡，便聊了起来。

园园长叹一声，先开了口，“离婚这事，我跟谁都没聊，就想跟你聊聊。他们都只会说我不知足，找了一个这么老实的男人还瞎折腾。只有你懂我，理解我。其实，原本我也觉得他挺不错的，下班就回家，家务活也帮着我干，除了看电视没什么别的爱好。虽说他不交家用，可我自己有收入，而且住在父母家，因此也不计较这些。后来有了孩子，开销突然大了，除了交给父母的钱，不说别的，光是孩子的奶粉尿布，我也吃不消了。他呢，还是那一副老样子，完全不求上进。家用一分不给不说，也不考虑将来我们自己要买车买房，拿的那点工资有时还没我的奖金多，就心满意足。下班回来就坐在电视前傻笑，工作时候就上上网玩玩游戏。跟着他，真不知道什么时候能熬出头。”

园园喝了口咖啡，见美美不说话，只是默然点头，又说道，“其实这些对我来说，都不是最要命的，钱的问题总有方法解决，我也不是没有工作能力的人。最要命的，是我跟他无法沟通。举个例子，那天我打算认真和他谈一谈，要他好好想想我们的将来，这不是我一个人努力就能做好的。我跟他分析了现在的形势，告诉他以后孩子的花销，我们买车买房的预算。说这些，无非是想让他上进一点，有点责任感。你猜，他怎么回答我的？他说：‘知道了，一会儿去银行取1000块钱给你。’”

看着美美哭笑不得的神情，园园也苦笑起来，叹道，“这就是平时我和他沟通的常态。两个完全不在一个频道上的人，你让我怎么交流？结婚过日子，两个人要相伴到老的。那个人连你的话都听不懂，这日子还怎么过？”

俗话说：“射人先射马，擒贼先擒王。”凡事都要把握其重点，抓住其要害，才能如鱼得水、手到擒来。同样，在与人交往中，在倾听别人的时候，我们只有学会抓住重点，才能听懂对方的真正意思，才能让对方觉得与你沟通是一件轻松惬意的事。只有这样，才能为下一次的沟通打下良好基础，才能在人际交往中占据主动。

1．多留意那些出现频率高的词汇

当我们想强调某种意思时，或是对方一直难以理解时，我们往往会有意或无意地强调那些含有我们真正意图的关键词。同样，在交谈中，当对方口中频繁出现某些词汇时，我们就应多加留意，仔细思索这些词汇所蕴含的意义，探究对方心中的真实想法。

2．多想想那些含有话外音的言语

对于某些话题，含蓄的中国人往往不习惯于直接表达。话说得太清楚，有时反而令双方陷入尴尬。因此，在与人交流时，我们也要学会听出他人的话外之音，透过委婉的语言，听出对方的心声。例如，当朋友和你聊天时，总是提及高昂的物价和自己的窘境，你就要想想他是在催你还钱，还是打算向你借钱了。

3. 多揣摩那些看似无心的暗示

除了话外之音，对方表达出的暗示，更多时候会体现在肢体动作或面部表情上。例如，孩子向长辈拜年时，虽然口中不断说着祝福之语，说着自己已经长大了，不再要压岁钱，但眼巴巴的神色，依旧流露出他们对红包的渴望。准新娘看见橱窗中昂贵的婚纱，口中说着“这么贵疯子才买”，然而进了婚纱店后眼睛就没离开过那件婚纱，这时就是考验准新郎应变能力的时候了。

适时沉默，做一个贴心的听众

在这个压力巨大的社会，人人都难免有充满烦恼、心绪不佳的时候。相对于心境冲淡平和的素日，处于烦恼中的人们，更加需要倾诉，需要一个能够安安静静听他一吐不快的倾听者。

这天下班，磊子还没换下工作服，就被建国一把搂住脖子往外拖。“陪我喝两盅。”建国说完，就不再说话。看着建国乌云密布的脸，磊子也不好推辞，想着晚上8点和女朋友约好的电影，心中暗暗叫苦。

到了他们常去的餐馆，建国特意要了一个小包厢。见此，磊子就知道建国有话要说，不禁更加焦急，不知如何向女友交代。

果然，酒过三巡，面色开始泛红的建国打开了话匣子：“邱主任太不是个东西了！”

“怎么了？他找你麻烦了？”

“上回咱们车间连续加班两天两夜，赶出的那批货，你知道的，合格率不如平常。咱们那可是疲劳操作啊，一个不当心，那是要出人身事故的。连总公司都说了，合格率只要达到平时的七成，就算过关，这个月奖金多一半儿。可是邱主任那个混蛋，居然说全车间合格率都达到平时标准了，只有我比平时低了两成，说明不是时间问题也不是疲劳问题，就是我的态度问题，我的奖金还照往常那样发！你说这是不是欺负人？总公司都发话了，他算哪根葱，替上面那些洋鬼子省什么钱呢！”

“你就没说要去总公司讨说法？”

“我怎么没说？谁知道他一听我说这个，更得意了。他告诉我说，隔壁车间那个被开除的小赵，就是因为去总公司反应情况，被姓邱的后台挡下了，结果没几天就被找个借口开除了。”

“我隐约知道邱主任有背景，没想到后台这么硬。”

“要不他能这么嚣张！这个混蛋，整天压榨我们，替洋鬼子卖命！那回……”

“可不！”磊子眼见时间已经过了七点，建国对于邱主任的控诉才刚开了个口，他赶忙改变策略，抢过话头，“你记得吗，去年我摔断了腿，养了两个月才拆石膏。后来虽说能走路了，可不能久站啊，腿也使不上什么力气。邱主任居然跟我说，歇完三个月病假，再休就算事假，医生开条儿也不管用，你说这讲不讲理。还有……”磊子一气儿说了十几分钟，将他和建国都知道的邱主任的“恶行”统统痛斥了一顿，而后终于住口。

他满以为，该说的都说了，建国也有些醉意了，今晚理当到此为止。没想到，他期待地看向建国时，只看到他满脸的不悦，建国说：“兄弟，今天是我不痛快，你把话都说了，你让我说啥？你把能骂的都骂了，我这榆木脑袋还能想出啥新词儿来骂他？没劲，你这人就是这样，总是这样没劲！算了，没得骂，那就喝酒吧！今晚你得陪我一醉方休。”

我们常常自以为是地觉得倾诉者之所以向我们倾诉，是因为他们急于得到我们的认同，他们需要我们立即表明立场，及时站到他们的队伍中去，让他们更安心，更自信。其实，身处烦恼中的人找人倾诉，很多时候，他们并不需要“战友”，并不需要“心理医生”，他们更需要一个安静的陪伴者、倾听者。对于前路，他们未必不知道方向，不需要你去指引；对于问题，他们未必不知道方法，不需要你去教导。

1. 保持安静

处于不良情绪中时，有的人唉声叹气、惜墨如金，而有的人则需要喋喋不休地将心中的烦恼倾泻而出。不论我们面对的是哪种情况，不论对方是话多还是话少，都要记住，此刻的对方，很可能并不希望你滔滔不绝地劝慰他、开导他。那些起先沉默的人，可能之后会忍不住开口或是始终保持静默，他需要的只是你专注的倾听或是理解的眼神。同样，那些从始至终不曾停口的人，也不要你过多的言语。对于所烦恼的事，其实很多人都已明白必须接受既定的现实，已大致想到合适的应对方式，他们不需要军师，不需要猛将，他们只是需要一个安静的倾听者，一个情绪的“垃圾桶”，仅此而已。

2. 表现专注

倾听过程中，始终表现出你的专注，是我们在人际交往中应有的基本礼貌。尤其是在面对情绪不佳的倾听者时，这时你表现出的专注，对于彼此来说更为重要。你需要以你的专注来表现出你的涵养以及对他的尊重，他更需要凭借你的专注来确定你对于他的赞同与认可，判断他的倾诉是否应该继续，是否找到了合适的对象。

3. 回应适度

面对倾诉烦恼的人，尤其是面对交情并不深厚的人时，我们没有必要流露出过分强烈的情感。面对他人的倾诉，从始至终做根无动于衷的木头，显然是不合适的，尽管应在大部分时间内保持安静，但我们仍须给出必要的回应，让对方知道我们在认真倾听。然而，过分的回应同样很可能适得其反。若你表现得过分地同仇敌忾，或许会让对方认为你左右逢源；过分地同情，或许会让对方认为你看低了他。

学会回应，比倾听更重要

当你激情澎湃地演讲时，当你在痛不欲生地发泄时，当你在饱含深情地告白时，当你在慷慨悲愤地倾诉时，你的沟通对象却从头至尾面无表情、沉默木然，即便他真的一直全身心投入地倾听着你所有的话语，试问，你会相信他在倾听吗？你有耐心与他继续交谈下去吗？你有勇气与这样的听众再次交流吗？因此，我们可以说，学会倾听很重要，学会回应更需要。

这天傍晚，小云刚回到家中，就把自己缩进屋里大哭了一场，直到深夜，才肿着眼睛走出房间。

父母都担心地不敢睡觉，一直等着小云。见她出来了，妈妈忙着去给她热饭，爸爸则给她泡了一杯热茶，与她促膝长谈起来。

"乖女儿，什么事这么伤心？在单位里被人欺负了？别怕，告诉爸爸，爸爸给你撑腰。"

"没有人欺负我，是我自己犯了错误，理应受到批评。可是，主任批评了我一会儿，就说我完全没有认识到自己错误的意识，让我好好反省反省。我真委屈。我知道自己犯错了，也很认真很虚心地接受了主任的批评，他怎么还说我态度有问题呢？"

"你和主任争辩了？"

"爸爸你知道，我从来不和人争论。"

"你从头到尾说话了没有？"

"没有，一句话都没说。"

"你低着头不理主任？"

"没有，我一直抬头看着他。"

"一直抬头看着他？只是看着他，没有其他表示？"

“没有。从小老师就教我们，跟别人说话时看着别人的眼睛是一种尊重，所以我的眼睛一直盯着他的眼睛。”

“傻孩子，你这不仅是生搬硬套，而且一点交际常识都没有啊！孩子，和人说话时看着别人的眼睛表示尊重，这没错，但是也要分具体的情况。一个认识到自己错误并且正在接受批评的人，应该羞愧的，不自然的，这样心态的人，还会盯着对方的眼睛一直看吗？即便没有犯错，一直盯着对方的眼睛，也会把人盯毛，让人觉得，你要么是想从他眼神中窥探出什么，要么就是在逼视他，和他较劲。”

“一个眼神，居然都有这么多学问。”

“那当然。还有，别人跟你说话，你愿意倾听，是好事，但不能只听不说，尤其是在这种需要你表态的情景中，哪怕你只是轻轻地垂下脑袋，咬咬嘴唇，都能让主任知道，你有些懊恼了，你知错了。抛开这一次，如果每次别人和你讲话，你都只是瞪着眼睛盯着对方，别人说什么你都无动于衷，那么别人还有什么兴趣和你继续聊下去呢？孩子，关于这一方面，你真的要好好修炼一下了。来，拿出纸笔来，老爸给你推荐几本书……”

懂得倾听，是一种品质，是社会生活中必不可少的通行证；学会回应，是一种智慧，是人际交往中助你成功的垫脚石。体贴，伶俐，善解人意，自古以来就是女性的代名词。在倾听中，以你们的冰雪聪明，去体察倾诉者的内心吧；在得体的回应中，来展现你们的蕙质兰心吧。

那么，我们在倾听他人的讲话时，可以用哪些方式回应对方，来表明你的专注呢？

1. 适当借助肢体语言

前文我们已经介绍过，肢体语言在信息的传递量中占有高达55%的比例。因此，我们在倾听的过程中，可以适当借助肢体语言，向对方作出回应，表明你此时专注的状态。例如，赞同对方的观点是，可以轻轻点头；听到有趣的事时，回报笑容；感受到对方哀伤的情绪时，微锁双眉；当对方讲到精彩之处时，我们不妨将上身略微探向对方，表明自己对于谈话内容很感兴趣等。这些肢体语言，能够让我们不置一词，而直抒胸臆。

2. 适度重复对方的话

例如，偶尔打断对方，问他，“您是说……”“您刚才的话，我可不可以理解为……”。这样的重复和发问，能够让对方感受到你对他的话十分重视，想要将他的每一句都充分理解。当然，这种回馈方式不能频繁使用，否则对方会怀疑你的专注度甚至是理解能力，从而对这次沟通大为扫兴。

3. 适时表达你的意见

你的意见，可以是赞同，也可以是反对，并不需要一味地迎合对方。你赞同他的观点，他自然兴高采烈，谈兴更浓，彼此间更添惺惺相惜之感。你提出自己的观点，也说明你在认真倾听并思考了他的讲话，你脑中的思想之炉在他的感染下燃起了火苗；即便你们的观点完全相悖，也不过是双方在良好的交谈氛围中探讨、交换意见，略作讨论，无伤大雅，且能从更多的角度彼此熟悉、深入了解。当然，既然是倾听，那么重点仍旧是在听，而不是说，你的表达，是一种回应，而不是为了表现。

说话三分在于讲，七分在于听

人与人之间的交流，离不开语言的沟通。说话是一门艺术，只有真正掌握这门艺术的人，才是真正会说话的人，才能与他人之间和谐友好地交流沟通，为自己的人际关系加分。然而，大多数朋友只意识到会说话的重要性，却不知道会说话三分在于讲，七分在于听。我们必须做到会倾听，善于倾听，才是真正会说话的人，才能更好地与他人交流、沟通，达到我们预期的目的。

很多朋友都知道，说话一定要掌握分寸。没错，同样意思的表达，有分寸和没分寸，起到的效果是截然不同的。然而要想把握分寸，除了掌握语言的艺术之外，在倾听他人的过程中多用心，专心倾听，是关键所在。常言道，言多必失，我们唯有把握好说话的分寸，才能避免因为说多了或者说得过分了，导致产生不可挽回的负面作用。要知道，说出去的话如同泼出去的水，话一旦说错了，就很难起到积极的作用和正面的影响，甚至还会事与愿违。早在古时候，先哲们就奉劝世人，“逢人只说三分话，不可全抛一片心”。人生知己难求，我们不可能把每个人都当成自己的知己去掏心掏肺。所以，对于不能推心置腹的人，我们最好的办法就是见人只说三分话，而把其他的七分精力用在倾听对方诉说上。这样我们一则可以有效保护自己，二则还可以聆听他人的心声，对他人表示尊重和认可，从而也能博得他人的认可和好感，可谓一举两得。

在朋友的邀请下，卡尔参加了一个晚宴。但是，这个晚宴上的很多人卡尔都不认识，因此他觉得有些无聊。因为和一位著名的植物学家相邻而坐，因此卡尔和植物学家聊了起来。这位植物学家非常健谈，他滔滔不绝地为卡尔讲述各种关于植物的逸闻趣事，还向卡尔普及植物学知识。卡尔一直面带微笑耐心地听着，偶尔做出反应，表现出惊讶或者惊喜或者恍然大悟的表情。结果，整个晚宴持续几个小时，卡尔什么都没做，一直在听植物学家讲。

晚宴即将结束时，植物学家当着所有的人面，夸赞卡尔是最有意思的人，最好的交谈对象。奇怪的是，卡尔自始至终都保持缄默，只是偶尔做出适当的表情反应而已。他为何能够成为最好的交谈对象，得到植物学家如此高的评价呢？

实际上，倾听也是一种交流。而且，作为交流方式之一，倾听有很多不为人知的好处。细心的朋友们会发现，和那些说起话来滔滔不绝、口若悬河的人相比，懂得倾听的人，比懂得谈话的人拥有更好的人缘。究其原因，倾听能够表现出对于说话者的极大尊重，对于尊重自己的人，人们怎么会不非常感兴趣且非常认可呢？很多人自以为聪明，总是打断别人的谈话，从而迫不及待地表达自己。殊不知，这么做只会招人反感，事与愿违。

我们除了能够通过倾听捕捉到关于他人的更多信息之外，还可以得到他人的好感，最重要的是从心理学的角度来说，我们的倾听还能给对方提供心理空气。这样一来，对方在与我们交流的过程中就能够获得精神上的满足，而且还会对我们非常认可。当然，倾听也是一种重要的交流技巧，需要我们多多提升和培养自己，才能获得这样的技巧。很多看过心理医生的人都知道，心理医生就是最好的倾听者。很多心理医生在对病人进行治疗的过程中，首先扮演的角色就是合格的倾听者。他们不会强制要求病患接受他们的正确看法，而是耐心、认真、细致地倾听病患的讲述。他们很善于引导病患说出自己内心的感受，也善于积极地诱惑病患说出自己内心的烦恼和苦闷。他们的情绪也会随着病患的感情而不断变化，做到同理心，对病患感同身受。这样一来，病患才能更好地抒发自己内心的感受，治疗也就自然而然地进行了。

人们总是觉得，善于倾听的人总是沉默着，觉得这对于人际交往而言是弊端。实际上，只有沉默，我们才能更加集中注意力去倾听，也才能对他人进行正确的判断，这是任何只顾着滔滔不绝的人都无法体验到的。假如你想成为一个很好的听众，也想经营好自己的人际关系，让自己成为好人缘的人，你就必须表现出对他人谈话的兴趣，并且集中注意力、全神贯注地倾听他人。记住，任何人在与你交谈的时候，他们都更加关注自己的一切，而不是关注你所谓的问题和话题。在交谈中，谁能把注意力更多地用于关注交谈对象，谁就能获得谈话的成功。

认真地倾听，更易受人欢迎

巴菲特说：“我的父母告诉过我，如果我对一个人说不出什么美好的话，那就什么也别说，我相信父母的教导。”对于儿子彼得，巴菲特有这样的忠告：“作为一个领导者首先要懂得倾听，尽可能让下属多说。大多数人都会解决自己的问题，给自己一个答案，而不是让你给他们每个人都指出解决问题的途径。那样你就不是在管理一个团队，而是在与几十甚至上百只鸭子交流，累的就是你自己。”

1．倾听也是需要技巧的

倾听也是有技巧的，除了听之外，需要适时地重复对方话语中的关键字眼。当然，倾听比说话更需要毅力和耐心，假如你只是埋头玩自己的手机，或者把头瞥向一边，这样无疑会打击说话者的积极性。

2．少说多听，使你受益无穷

布里德奇说：“学会了如何倾听，你甚至能从谈吐笨拙的人那里得到收益。”倾听并不是没有任何意义的随声附和，一个优秀的倾听者可以从说话者那里获取大量的信息，赢得对方的喜欢，同时也彰显了自己的高贵品质。

3．倾听是沟通的前提

只有听懂了别人表达的意思的人才能沟通得更好，倾听是说话的前提，先听懂别人的意思，再表达出自己的想法和观点，才能更有效地沟通。同时，听懂了别人的意思，我们才有机会掌握沟通的主动权，如此，也更容易赢得他人的支持与信任。

◆第09章◆

多一些理解多一份体谅，少一些自命不凡

有人说，人世间最珍贵的并不是遇见爱，遇见喜欢，而是遇见理解。的确，无论是情侣、夫妻还是朋友、同事之间，最珍贵的就是被理解。我们行走于世，无论是说话、办事还是做人，都要收敛一些自命不凡，而要学会多理解和体谅他人，这样你会发现，于人于己，都更为幸福。

面对错误，原谅比挑剔、指责更受用

毕业于哈佛大学的经济学家萨缪尔森曾获得诺贝尔经济学奖，他曾说：“人们在交往中应当多一些体谅而非责难。”对此，哈佛大学告诉我们：原谅比辱骂更能让一个人醒悟与进步。面对他人有意或无意造成的错误，如果我们总是愤怒或生气地指责对方，反而会使对方有种受伤的感觉，在他心里，第一感觉不是认识到自己的错误，而是感觉到自尊受到了伤害。这样一来，我们并没有达到自己的目的，他或许并没有意识到自己的错误，反而增加了仇恨。而原谅则不一样，原谅能使一个人清楚地看到自己的错误，同时，还会心存感激。所以，面对他人的错误，原谅比挑剔、指责更受用。

在生活中，许多人习惯于责骂他人的错误，特别是当他们的错误对

自己的生活产生不利影响的时候，我们的情绪有可能会一下子失控，这时，怨恨占据了我们的心灵，那些指责与辱骂就会随之而来。但是，如果我们仔细一想，就会发现指责与挑剔对于我们来说一点好处也没有，它只会让我们的情绪变得更加恶劣，而他人在指责与挑剔之下也会心生不满。所以，在任何时候，原谅他人都是一个有益的选择，而且，正如爱迪生所说"原谅不是光靠嘴巴说的，而是需要靠做的"，我们必须以实际行动来让对方感受到，自己已经被谅解了。

原谅了别人，我们才是真正的强者。佛说："当你战胜了嗔恨的心魔，生命因此更自主、自在与自由。"真正的强者不是指责别人，挑剔别人，而是战胜自己，内心的心魔需要我们自省，这样我们能对他人的错误而微笑对之。甘地曾要求自己不要怨恨任何人，他说："我知道这很难做到，所以用最谦恭的态度，尽量达成这项自我的要求。"

每个人的心都如同一个容器，当爱越来越多的时候，仇恨就会被挤出去。因此，要想学会原谅，不要一味地去消除仇恨，而是不断地用爱来充满内心，用爱心来滋润胸襟，这样一来，那些怨恨或仇恨就没有了容身之处。所以，试着放弃心中的怨恨，放下愤怒，善待自己，原谅他人。面对他人犯下的过错，不要总是挑剔和职责，而是学会原谅。

给人台阶，主动退让一步

生活中，我们经常看到一些“耿直”的人，双方为了一些矛盾或分歧而争得面红耳赤，谁也不肯相让，最终不欢而散。有时看似某一方占得上风，实则双方都已处于一种尴尬的境地，谁也没有说服对方，谁也没有征服对方，谁也没有真正的台阶下。其实，想要说服对方，并不一定要据理力争。有些时候，我们主动退让一步，反而会收到意料之外的效果。

如果想要说服的对象是我们的亲人、朋友，很多人都会主动地放下身段甚至偃旗息鼓，不断地告诉自己事缓则圆，愿意在日后以一种温和的方式令对方信服。其实，在社交中面对不熟之人甚至是“敌人”时，我们更应该主动为对方保留面子，给对方铺设台阶。你宽容的体贴，会让更多的人感受到你的善意，感受到你的宽广胸怀。

在人际交往中，应该从哪些方面着手，才能更好地为人留面子、铺台阶呢？

1. 把自己当成别人去思考

人与人之间的很多矛盾，大抵产生自“我就是真理”和“你满嘴歪理”。其实，当我们抱怨别人“不懂事”“不讲理”时，我们的立场就一定正确吗？即便我们的观点无误，对方的观点就一定是谬论吗？所以说，只有当我们能站在对方的立场思考，体会对方的心情和处境时，才能给予对方更多的包容和理解，才能及时停止战火，以和平的方式解决争端。

2. 把别人当成自己去对待

“我凭什么那样待你”和“你凭什么这样待我”，也是人们之间的矛盾之源。如果每一个人都能把别人当成自己那样去理解、去包容，世上的很多摩擦和分歧便不复存在。当然，要所有人都做到待人完全如待己，并不现实。但至少，我们可以尽量善待他人、理解他人，在他人的立场上体会他人、包容他人。你的善意即使换不来对方同等的回报，至少能够消除他的抵触情绪，让说服工作变得顺利。

3. 看清具体情势再出手

当双方陷入争执时，局面很容易因为双方激动的情绪陷入紧张。这个时候，我们不能指望对方先缴械，而应先让自己的情绪平复下来，继续的争执无益于问题的解决，更无益于你的人际关系。而平复情绪后下一步行动，则应根据对方的情况来判断、选择。若对方情绪仍较为激动，我们不妨按兵不动，以一种温和的态度等待他平息；若对方的情绪也得到缓解，我们应及时主动示好，提出更好的建议解决争端。

巧妙闪躲，是一种温和的自卫方式

生活中，即便我们处处与人为善、低调退让，难免仍会遇到对手不怀好意的挑衅或是他人戏谑不恭的调笑。还有些时候，他人紧追不舍的逼问，也会令我们感到自己的领地受到了侵犯，不仅沟通氛围大打折扣，也令双方感到尴尬或不快。面对这些情况，我们是选择奋起反击，还是选择默默忍受呢？

有位举世闻名的小说家，为人低调，不喜与人打交道，更不愿意接受采访。这天，他的家门口，突然支起了一顶帐篷。

原来，当地报社的一位实习女记者为了证明自己的能力，顺利转正，带着初生牛犊不怕虎的心，誓要拿下这块高地。为了表明自己不达目的誓不罢休的决心，她索性在作家门口支起了帐篷，准备开始一场旷日持久的攻坚战。

作家的家人对此十分不满，打算报警，却被作家阻拦了。当然，作家这种温和善良的性格，也在记者的算计在内。五天后，作家终于举起了白旗，向帐篷中的记者打了招呼。同时他也表示，只能在晚饭时间采访，且不能超过两小时。

记者欣喜若狂，将自己的行囊送回家中后，便按时来到一家餐厅赴约。两人再次见了面后，作家一改往日沉默寡言的作风，而是侃侃而谈，不断询问女记者的相关情况，如她的家乡、她的爱好、她的理想等。在愉快的交谈中，时间很快过去了。当记者回到家中整理采访稿时，她才发现，自己留有记忆的，除了那块美味的牛排，就只剩下自己滔滔不绝的回答。这次采访，完全失败了。

我们常说，凡事留一线，日后好相见。身处社会中，做人做事最忌不留余地。若一味得理不饶人，据理力争，只会为自己招来更多的敌意。当他人的咄咄逼人已经侵犯到了我们的底线，当我们选择不再沉默，着力于维护自身利益与尊严时，大可不必针锋相对、闹得你死我活。只要掌握了技巧，自卫也可以很温和。

那么，在面对他人的挑衅、逼问时，可以采取哪些方式自卫呢?

1. 假痴不癫

当对方的逼问或挑衅令你应接不暇、无法应对时，你不妨装一装傻，反问对方一句，“这是什么意思？”面对装傻充愣、毫不接招的你，对方常常会按捺不住，一股脑地将心中的话倾吐而出，为之前的逼问作说明、注解，有时甚至会将原本未在此句中蕴含的意思也表达出来。例如，女友突然问男友是不是不爱自己了，且紧追不舍，男友愣愣地问一句，“你这是什么意思？”女友就会忍不住将男友近期的“恶性”细数一遍，以此来论证自己的推理。知道了女友的心思后，男方便可对症下药，慢慢解释与改正。

2. 反客为主

事例中的作家，所采用的就是典型的反客为主的方式。面对他人的逼问或挑衅，乃至面对他人那些令你尴尬的戏谑，我们不妨微微一笑，将话题转换到对方身上。例如，当年长的亲戚不断逼问你为什么还没有结婚时，你不妨虚应两声，然后开始和他谈论他的子女乃至孙辈。没有人会比关注自己更加关注别人，每个人的中心都是他自己。当话题转换对象时，对方对于你的兴趣，便很容易消释。

3. 以逸待劳

耶稣说，别人打你的右脸，把左脸也转过去给他打。耶稣说这句话，是教人们用爱化解仇恨。而我们同样可以用这种方法，来化解对手的攻击。拳王阿里说，以静制动，让对手不断地攻击，直到他体力耗尽。这种以逸待劳的方法，很适合温和自卫。当对方招数用尽、筋疲力尽时，你反戈一击，一招致命。例如，当对手不断指责、挖苦、质问、挑衅你时，你只须微笑以待，最后轻启朱唇，笑着说："我非常同意您的观点，我这个人就是不靠谱。请问，您觉得我哪些事情做得特别不像话呢？"

知趣一点，别哪壶不开提哪壶

现实生活中，有很多人性格耿直，说起话来快人快语，根本不过脑子，有什么就说什么，简直口无遮拦。这样的行为习惯假如用在彼此熟悉、亲密无间的朋友圈里，当然也无可厚非。但是如果是用在对待普通的同事、朋友，或者是对待同事、上司，则显得不合时宜。毕竟，这个世界上除了父母能够无原则包容我们之外，没有任何人有义务包容和谅解我们。为人处世，我们必须区分时间和场合，还要根据与谈话对象之间的关系，以及谈话对象的身份、地位等，有针对性地调整谈话方针和策略，从而使得交谈更加有的放矢。

一个人要想在社交场合受到欢迎，一定要注意迎合他人，从而营造良好的谈话氛围。但是偏偏有些人与此相反，他们和他人交谈时，总是喜欢哪壶不开提哪壶，不仅扫了他人的谈话兴致，也使得谈话不欢而散，这一点，是人际交往的大忌。毕竟每个人的脾气秉性不同，有的人喜欢直来直去，有的人喜欢委婉隐晦。而且，每个人的心理承受能力也各不相同，有的人对于你对他们当众嘲笑和讽刺也许不以为然，但是有的人却会因此耿耿于怀，导致心中与你产生过节。为了一时的口舌之快而无形中得罪人，给自己处处树敌，是得不偿失的。

明朝时期，大名鼎鼎的画家唐伯虎画艺高超，但是他的邻居却是一位暴发户，因此唐伯虎总是瞧不起邻居。邻居家里有一个老母亲，有五个儿子，有一天，正值老母亲的大寿，五个儿子齐心协力大宴宾客，想给母亲高高兴兴过大寿。虽然家里来了很多亲朋好友，也很热闹，但是寿宴上却少了些书香气息。为此，几个儿子想到住在对门的唐伯虎是个大才子，能写能画，因而想要趁着这个大喜的日子邀请唐伯虎赴宴，顺便也给老人讨要墨宝。

没想到的是，正当这户人家准备去邀请唐伯虎时，唐伯虎却带着薄礼前来祝寿了。这家人全都喜出望外，马上热情款待唐伯虎。酒过三巡，大家趁着这个机会向唐伯虎讨要墨宝，唐伯虎毫不推辞，而是当即拿起笔写了起来——对门老妪不是人。看到这句话，主人和在场的宾客们全都敢怒不敢言。毕竟这是老人的寿辰，但是唐伯虎名气很大，所以大家只能压抑着内心的愤怒，对他怒目以视。此时，唐伯虎明显感觉到来自四面八方的敌意，虽然他的本意真的是骂老人，但是考虑到现场的气氛和时机，他马上灵机一动，接着写下第二句诗——九天玄女下凡尘。看到这句话，大家才如释重负，马上开始赞美唐伯虎的才华。

唐伯虎察言观色，在亲朋好友欢聚一堂为老人庆祝寿辰时，没有不长眼地继续骂老人。而是话锋一转，把对老人的骂变成了赞美，他也由此得到众人的交口称赞。同样一句话，让不同的人以不同的方式表达，效果往往大相径庭。甚至，有的时候说话的方式比说话的内容更加重要，因此我们努力提升自己的语言表达效果，从而让自己会说话，把话说到他人心里去。

人与人交往的首要原则是真诚，但是真诚并不意味着毫无遮拦。一句话会有很多种不同的说法，在这种情况下，聪明的朋友当然会选择最佳的说话方式，从而表达自己的内心和真实想法。哪怕是批评，也不仅仅只有声色俱厉这一种方式，更不应该让反目成仇成为批评的结果。我们唯有真正用心地与人交往，思考语言表达的方式，才能经营好人际关系，才能让我们更受人欢迎。当然，并非任何事情、任何时候我们都要迎合他人。我们最重要的是要分清楚场合，从而根据实际情况调整与人交往的方针和策略。把话说到他人心里去，让他人高兴，让在场的人皆大欢喜，我们也才会拥有好心情。

你贬低他人的同时，也贬低了自己

在人与人交往的过程中，有些人很尊重他人，有些人却恰恰相反，他们会肆意贬低他人，从而间接抬高自己。殊不知，肆意贬低他人的方式，非但无法抬高我们的身份，反而会使我们给旁观者留下不好的印象，从而降低我们的身份。善于交际的人，总是尽量在朋友和同事们面前表现出自己优秀的一面，例如他们会很注重自己的形象，也会凭借伶牙俐齿和良好的言行举止，提升自己的格调。其实，所谓的抬高自己，也就是竭尽全力表现自己，从而赢得他人的肯定和赞美。当然，表现自己，抬高自己，原本是无可指责的，但是我们不能为了抬高自己，就肆意贬低他人。假如我们用过于夸张的方式方法抬高自己，由此给他人造成压力和伤害，无疑会使人反感。有些人还喜欢与他人比较，以高高在上的姿态小看他人，贬低他人，殊不知这样非但无法凸显我们的价值，反而会使我们表现出卑鄙龌龊的一面，遭人小看甚至是耻笑。

正如人们常说的，不要把自己的幸福建立在他人的痛苦之上，这样归根到底是不正确的。和他人比较也正是如此，当我们以自身的优点和他人的缺点相比较时，我们就是在以自身的优点贬低他人的缺点，自然无法给人留下好印象。与此恰恰相反，假如我们能够多为对方考虑，多多夸赞他人的优点，非但不会贬低我们自己，反而能够表现出我们的崇高形象。

近来，张娜和刘欢一起去外地出差，准备为公司采购一批紧俏物资。到达外地之后，他们才发现外地货物紧缺，市场已经缺货，必须等至少两个月才能有货。为此，张娜和刘欢一起沮丧地打道回府，他们都很发愁如何才能向老板交差。

回到公司，他们一起去向老板汇报工作。张娜首先把外地货源紧缺的情况向老板进行了简单说明，老板也对情况表示了理解。不想，刘欢突然对张娜说："娜姐，要不是你那天因为贪睡，导致我们出发晚了，也许提前一个小时候订货，还能找到些许货物应急呢！"听到刘欢的话，张娜马上变了脸色，她不高兴地说："你这个人可真逗，你把这么大的帽子扣在我头上，我能戴得起吗？这本来就没有货了，跟我起床早晚有什么关系呢！"老板听到刘欢的话，马上说："张娜，你可要虚心接受批评啊。你以后必须改正，再出差的时候要早些起床，毕竟情况瞬息万变呢！"张娜当然无法反驳老板，只能吃了这个哑巴亏，但是此后在工作中她始终对刘欢敬而远之，而且再也不愿意亲近刘欢了。

因为刘欢在老板面前告状，导致张娜被老板抓住了小辫子。其实，老板并不傻，他也知道刘欢是在明目张胆地推卸责任，因此对刘欢也并没有留下好印象。虽然张娜没有当场与刘欢翻脸，但是此后却疏远刘欢，不愿意再与刘欢合作，这对于刘欢而言当然是一种损失。为人处世，不管是在生活中还是在工作中，我们都要避免贬低他人。我们当然可以抬高自己，但是却要以恰当的方式。当我们肆意贬低他人的时候，我们非但无法抬高自己，反而会给他人留下不好的印象，导致得不偿失。

我们就算对一个人再怎么心怀不满，也不能以伤害人格的方式贬低他人，否则我们伤害的就不是他人，而是我们自己。表现自己和贬低他人虽然看起来没有太大的区别，但是期间的关系是非常微妙的，我们唯有把握好分寸，才能如愿以偿地表现自己，抬高自己，也能避免贬低他人，伤害他人。从本质上来说，通过贬低他人的方式来提高自己，是一种损人不利己的方式。我们唯有避免这样的行为，才能经营好人际关系，也才能得到他人的认可和好感。

四处炫耀，只能处处树敌

世界上，每个人都爱面子，都愿意保全自己的颜面，在他人面前扬眉吐气，引来他人的羡慕。殊不知，毫无节制地炫耀，非但无法得到他人的羡慕，反而还会招致他人的嫉恨。尤其是在社交场合，如果一个人总是不顾一切地抛头露面，那么他最终会因为风头太健，剥夺他人的表现机会，伤害他人的颜面，自然也就无法得到他人的喜爱。长此以往，这样的人必然会变成货真价实的孤家寡人，导致身边没有任何朋友。不得不说，这样的人生是失败的。

常言道，是金子在哪里都会发光的。虽然现代社会需要我们表现自己，展示自己，但是我们也必须有所收敛，不能肆无忌惮地炫耀。真金不怕火来炼，我们的行为和表现，最终会让我们赢得他人的认可和尊重。相反，假如风头太健，却毫无用处，那么必然导致事与愿违。而且这样处处树敌的行为，还会导致我们人生的道路越走越窄。

法国大名鼎鼎的哲学家罗西法古曾经说过，假如你想得到仇人，那么你就表现得比你的朋友更加优越；假如你想得到朋友，那么你就要让你的朋友表现得比你更加优越。的确，这就是人的天性，在社会交往中，每个人都想要得到他人的肯定和赞美，而不想被别人压倒风头。所以，当我们把风头让给别人时，别人一定会变得更加自信，而且也会以高姿态表现出对我们的宽容和信任。与此恰恰相反，当我们的风头压倒别人时，别人会因为对我们的羡慕妒忌恨，与我们针锋相对，甚至是暗算我们。从这个意义上来说，当我们表现得居高临下或者高人一等，我们就是在挑战他人的自尊和自信，也会导致他人对我们产生排斥和抗拒。

作为一名资深的房地产经纪人，玛丽之前有着非常辉煌的销售业绩。对此，她总是洋洋自得。虽然她中间回家结婚生孩子了，但是当她再次开始工作，来到一家新公司时，她依然表现出优越感。对于公司里的那些年轻人，她总是一副高高在上的老前辈的样子。殊不知，在她结婚生子的几年时间里，市场已经发生了变化，情况也完全不同了，她有很多事情都已经落后了。为此，很多年轻人对玛丽都极其不服气。每当玛丽说起自己当初怎么样优秀的时候，有的年轻人甚至公然对她说“好汉不提当年勇”，在这种情况下，玛丽继续老王卖瓜自卖自夸，必然更加招人反感。

进入公司三个月，玛丽虽然很努力，但是始终没有签单。关于她的风言风语，也开始流传起来。其实，如果不是玛丽当初吹嘘和夸耀自己，大家对她不会有这么高的期待，那么三个月不开单也并非难以接受的事情。但是，她偏偏一进公司就夸耀自己，因此大家对于她这样一个入职三个月都没有任何业绩的老前辈，也就未免刮目相看了。

玛丽显然不够聪明，假如她很聪明，她就应该知道她与其一进公司就高调张扬，不如先低调做人，这样至少能够给予几年没有工作的自己一个适应和缓冲的时间。但是她偏偏以老前辈自居，对年轻的同事颐指气使，而且根本不把年轻的同事看在眼里，最终却因为这样的张狂让自己颜面丧失。

没有任何人，喜欢欣赏他人的张扬和高调。人人都不喜欢压力，尤其是不喜欢他人给自己施加的压力。除非我们是一个领导必须对下属从严管理，否则我们不如成为一个对他人零压力的人，这样才能与他人和谐相处，友好相伴。尤其是在职场上，各种各样的关系错综复杂，而且与同事以及上下级的关系也非常微妙和敏感。我们不管能力是强还是弱，都应该低调做人，谦虚内敛，这样才能得到他人的信任和尊重。与此同时，我们也能以实力说话，在同事之间树立自己的威信。总而言之，高调张扬是不可取的，我们必须摆正自己的位置，才能更加顺利地发展。

◆第10章◆

做人有分寸，开口之前多思量

生活中，我们每个人都想成为受人欢迎的善解人意者，然而，如何才能受人欢迎呢？其中最为重要的一个原则就是分寸的把握。当然，这需要我们在平时对自己言语多加注意，该说的说，不该说的不说，说之前想好了再说，做事之前也要考虑分寸，这样，久而久之，在为人处世上，自然落落大方，从而为自己的魅力加分！

适度倾诉，别让你的烦恼对他人造成负面影响

在人们的生活当中，会碰到很多不如意的事情。有些人往往会被这些事情所困扰，以至于陷入不能自拔的境地。他们会不断的将自己的不幸与烦恼向别人倾述，企图得到心理上的慰藉。然而，他们却从来没有想过：当向别人倾吐自己的烦恼的时候，也同时给自己和别人造成了负面影响。

飞燕个性柔弱，思想也很悲观，当她有心事时必定会立刻找人诉苦。她在大学时代曾经有过一段罗曼史，后来因为某种原因而结束，这件事一直放在她心底，打那之后每当她与人聊天时，就总会过度哀怨地向对方描绘自己的心酸。

有一次，飞燕去参加同事的生日晚会，同事介绍一位朋友与她认识。散会之后，同事的朋友抱怨："和你那个同事谈话真累！她一直在说大学时代如何认识某人、如何伤心地分手……我一句话也插不上，只好假装表示同情，耐心地等她说完。"

每个人都会有失意的事，包括事业上的失意、感情上的失意、家庭上的失意。事实上，在这个世界上真正让人舒心的事很少，即使有舒心的事人们也很容易淡忘，萦绕于心头的很多事并不十分愉快。失意事本来就是一种痛苦，搁在心里不找人倾吐更痛苦。心理学家认为：把失意的事藏在心里还会造成心理疾病，所以找人倾吐心声也是可取的。向别人倾述苦衷的时候，你的确会感到轻松些，能够适当缓解压力。但过多的向人诉说自己的烦恼就会带来不良的后果！

有些烦恼、有些失意或是希望别人安慰的问题，你应该把这些话说给心理医生或是值得你信赖的家人或朋友听，千万不要逢人就开始倾吐自己心中的苦衷，这样不但无法激起对方的心理共鸣，而且会徒增对方的反感。

吐露失意的事，不管是主动吐露还是被动吐露，都会带来负面影响。

1. 吐露失意的事，无意中塑造了自己无能、软弱的形象

虽然每个人都会有失意事，但如果你在吐露失意事时，别人正在得意，那么别人会直觉地认为你是个无能或能力不足的人，要不然怎么会失意？嘴巴虽然不会说出来，但心里多少会这样想，而且失意事一讲，

情绪可能就会失控而一发不可收拾，造成别人的尴尬，这才是最尴尬的一件事。如果你的失意情绪能够引起别人的安慰，温暖固然温暖，但你却因此会变成一个无助的人。

2. 吐露失意的事，别人会对你产生不良印象

很多人凭主观印象来评价别人，一般来说，自信、坚定的人，别人对他的印象就会比较好，如果他是个事业有成的人，那么更会获得尊敬。如果你的失意事让别人知道了，他们下意识地会对你产生不良印象。他们对你的态度也会很自然地转变，由尊敬、热情而变得不屑、冷淡。

你的失意事如果说得太多，让你的朋友们知道了，那么别人会为你贴上一个标签：失败者！当别人谈到你时，便会想到这些事。

3. 吐露失意时难免会说某人的坏话

说别人的坏话和抱怨的情况是同样的，也许当下心里感觉畅快了，但你的听众可能会无法忍受，而产生这样的想法，“不知道这人在私底下怎样讲我的”，因而失去对你的信任，甚至会对你产生厌恶之情。

在社交场合与人说话时，最好选择较为轻松愉快的话题，尽量不要提及个人过去不愉快的经历，以免让对方觉得沉闷、无聊，让人对你产生不良看法。

尊重他人，交谈中的禁忌要知晓

避讳，不仅是语言艺术问题和处理人际关系的技巧问题，更是对待朋友和同事态度问题。要想真心诚意地尊重他人，就必须学会在交谈中避讳。

在事业成功的过程中，我们的一言一行都关系着每个人的成就荣辱，所以言行不可不慎。有的人口齿伶俐，这固然是不少人所向往的。但如果口无遮拦，说错了话，说漏了嘴，也是很难补救的。所以应讲究“忌口”。在人际交往中，凡是弱点、缺点、污点，一切不如别人之处都有可能成为忌讳之物。因此，你千万不要去踏这个“雷区”。

一般来说，以下3种情况最容易触发忌讳心理，讲话者应该引以为诫。

1．丑陋之点

人人都有爱美之心。不幸的丑陋者和残疾者大多有自卑感，不愿听到跟自己的短处有关的话题。谢顶者忌说“亮”，胖子忌说“肥”，矮子忌说“武大郎”，其貌不扬者忌说“丑八怪”，跛子忌说“举足轻重”，驼背忌说“忍辱负重”，等等。这种完全正常的心理应该得到充分理解。

2．失意之处

人生在世，总希望自己能一帆风顺，有所作为，实现人生的价值。但是，月有阴晴圆缺，人难免有失意之处，或恋爱受挫，或久婚不育，或工作不顺利，或职称评不上，诸如此类的失意之处暂时忘却倒也轻松，但有人有意无意提起就使人心灰意懒，沮丧不已。万事如意、踌躇满志之人则多以昔日的失意为忌讳，生怕传播出去，有失脸面。失意的人总是最敏感，所以我们说话时，不管是什么内容，都要注意别让他人产生自己被比下去的感觉。

3．痛悔之事

人的一生免不了要犯这样或那样的错误，而一旦认识错误便会痛悔之极，以后一想起自己曾犯过的错误就自感脸上无光。犯过品质错误者（如曾有偷窃行为或生活作风问题）更是讳莫如深。如果听到有人说起类似的错误，就会有芒刺在背，无地自容之感。

有极少数人以触别人的痛处、犯别人的忌讳为乐事，这是很不道德的表现。即使无意中的犯忌，也有可能影响朋友感情和同事关系。一个有修养的人，说话时总是尽量避讳。避讳，作为一种修辞手法，是对同事和朋友的尊重，实际上也是对自己的尊重，不仅有利于人际关系的处理，而且有利于工作的开展。那么，该怎样避讳呢？

1．慎言相避

跟人说话时先要了解对方的情况，着重掌握有无忌讳。对方的忌讳之物要视为禁区，十分谨慎地避开，以免触痛对方。在谢顶者面前不说“亮”，在久婚不育者面前别谈生儿育女事，在官运亨通者面前岂能描摹他昔日潦倒失意的窘态。慎言相避的关键是在得意时切忌自我吹嘘。自我吹嘘，很可能会无意中犯忌。

2．婉词相代

有时无法避开交谈对象的忌讳之物，则不妨以婉词相代，尽量不使人过于难堪。例如，某大龄青年因择偶屡屡受挫而灰心丧气，而你有意为他牵线搭桥。“假如你还没有找到对象，我想为你介绍。”如此直言相告必定犯其忌讳，令人扫兴。“假如您对个人问题还没有考虑成熟，我愿意提供一位较合适的人选，您意下如何?”这样以婉词相代，给对方有“主动权在我手中”之感，自尊心得到充分尊重，有关介绍对象的交谈就能顺利进行。

3．巧言相岔

说话再谨慎的人也难免有冒犯别人忌讳之时。如果突然发觉因自己失言而刺伤了别人的自尊心，该怎么办？这时，切忌慌乱之中作说明，因为愈想说明，结果必定越说越不明，弄巧成拙。最明智的方法是用巧妙的语言岔开话题，使双方及时从困境中解脱出来。例如，张、李两位老同学周日闲谈，说起张的哥哥年近三十而仍孑然一身，张随口说：“他曾谈过几个，都因女方嫌他个子太矮而告吹。”说到这里，张猛然发觉自己失言，因为李的个子更矮，而且也因此而苦恼。此时张急中生智，忙说：“其实，有资料表明，矮个比高个更精明，寿命也更长。就说我哥哥吧，他最近翻译出版了一部英国长篇小说，你是英语教师，正要请你指正呢!”如此岔题，天衣无缝，妙不可言。

世间没有十全十美的人，凡人皆有其长处，也难免有短处。在谈话当中，你要极力避免说别人的短处，否则不仅使别人的尊严受到损害，且足以表示你品德的缺点。宇宙之大，谈话的素材取之不尽，何必一定要把别人的短处当作话题?

话留三分，也要给对方话语权

中国有句俗话：“话到嘴边三分留。”的确，沟通中，我们与人说话，切不可占尽先机，而应把重要的话留三分，给他人表现的机会，让其说出关键点。这样，对方会从心理感激我们让给他的表现机会，进而对我们产生好感。法国哲学家拉·罗切福考尔德说过：如果你希望得到敌人，就超过你的朋友；但若想得到朋友，就让他们超过你吧。为什么这么说？因为从心理的角度看，当朋友超过我们时，他们便充满了成就感；但情况若是相反，他们会深感羞耻并充满嫉妒。与人说话，同样是这个道理，让他人充满成就感，能使我们结交友谊，掌握交际的主动权。

那么，沟通中，我们该如何引导对方自我表现呢?

1. 提问法

我们要想把表现的机会让给别人，就要为别人创造说话的契机，而提问是一种很好的引导法。

2. 不要打断别人说话

沟通中，与人说话，我们可能会遇到另外一种情况，那就是你不同意别人的观点，这时你也许很想打断他，但是最好不要这样做，人们在自己还有一大堆意见要发表的时候，是不会注意到你的，所以要保持开阔的心胸耐心听下去，并诚恳地鼓励他人把意见完整地表达出来。

3. 寻求帮助法

我们在与人说话的时候，不要显得无所不知，关键时候，你不妨对对方说："这个问题我还真不清楚，您能帮我跟大家解释一下吗？"很明显，这样一说，话语权就交到了对方手里。同时，也能体现对方的能力，这是变相的给对方增光添彩。

一个精明的英国人曾经说过："一个人在世界上可以有许多事业，只要他愿意让别人替他受赏。"的确，我们与人交际也是这个道理，说话留三分，让他人说出关键点，给他人表现的机会，在别人心中留下好印象，你会发现这种做法将会有利于长远的利益和奋斗目标！

注意分寸，开玩笑也别过火

日常聊天中，开个得体的玩笑，可以松弛神经，联络感情，活跃气氛，因而诙谐幽默的人常常会受到别人的喜爱。不过，开玩笑也要讲究分寸，如果玩笑开得不好，不仅达不到聊天的本来目的，还可能适得其反，伤害彼此的感情。

开玩笑本来是一种调解谈话气氛的良好方式，但如果不注意分寸，乱开玩笑，就很容易使被开玩笑的对象陷入窘境，那就并非开玩笑之道了。比如，你拿你同学不及格的成绩开玩笑、拿你亲戚朋友生意亏本而开玩笑、拿你朋友的隐私开玩笑……这些都是需要同情的事件，你却拿来取笑，不仅会使对方难于下台，而且还表现出你的冷酷。

另外，有些人在生理上有些不足或者缺陷，这本身已经是一件难堪的事，但如果你拿来作为谈资的事，那么，也会招来他人的记恨。别人不幸的，你应该给予同情才是。如果聊天的人中，有一位在生理上有缺陷，那么在谈话中，最要避免易使人联想到缺陷方面去的笑话。

生活中，每个人的性格、脾气和爱好不同，因而开玩笑首先要因人而异，还要注意长幼关系。长者对幼者开玩笑，要保持长者的庄重身份，让幼者不失对长者的尊敬；幼者对长者开玩笑，要以尊敬长者为前提。而且，开玩笑还要注意男女有别。男性一般对语言的承受能力较强，一般的玩笑不会让男士感到太尴尬；而女性相反，不得体的玩笑很容易让女士难堪，甚至下不了台。

所以，开玩笑前一定要先想一下，对方的性格是什么样的，你和对方的关系如何，你开这样的玩笑对方是否能接受。

总之，在与朋友或同事聊天时适当开几句玩笑，能增进彼此间的感情。但是，开玩笑也要注意一些问题：

1. 开玩笑要分层次

开玩笑的程度要视你与对方的关系亲密和来往多少而定，对于那些关系不近的人，开玩笑就要小心为妙，如果你觉得你的玩笑不能起到调节气氛的作用，那么，玩笑大可不开。

2．开玩笑要善意

任何玩笑都应是善意的，而不应该捉弄别人、恶作剧等，否则玩笑就会变成对对方的伤害，甚至形成心理阴影。

3．开玩笑要看对方的性格

如果对方是个事事较真的人，最好不要开玩笑。

4．开玩笑要选择适当的时机

不要在对方忙得不可开交或心情抑郁时开过分的玩笑。

5．开玩笑还要注意对方的职业

在医药行业，你在对方的抽屉里放一只假臂可能都不过分；但在法律行业，可能你在某人屁股底下放一个“吱吱”作响的坐垫，就已经是极限了。

掌握以上几个要点，能帮助我们拿捏好玩笑的分寸，以使交谈双方在玩笑中增加感情！

知晓禁忌，有些话题别触碰

日常生活中，我们与人交流感情的一个重要方式就是聊天。知己是如何来的？多半都是通过聊天聊出来的。聊天带有随意性，但聊天也有技巧，天南海北的闲扯，不仅不能增进感情，还会让别人觉得无趣。我们如若能从对方的心理出发，说出对方喜欢听的话，给对方带来愉悦的情绪，便能拉近与对方之间的距离。

人们交谈，一般都是由一个话题开始的，如果人们能围绕一个话题各抒己见、在良好的氛围中交谈，那么，人们的关系便在增进了。如果选择了不适宜的话题，引不起大家的兴趣，没有人做出反应，交谈便失败了。因此选择合适的话题便十分重要，而选择话题的前提就是，不能踏入话题禁忌。

可能你曾经有这样的经验，当你夸夸其谈，认为自己的话题很有趣时，却发现对方的已经变了脸色，为什么呢？此时，你可能触犯到了某些话题禁忌。

与人交往，我们说话，要看场合、对象，选择话题更要考虑对方的感受。

有些人认为，聊天时只有那些不平凡的事才值得谈。因此朋友见面想开口时，往往满脑子都在苦苦思索，企图找到一些怪诞、惊奇的事件或相当刺激的新闻来当话题。但实际上，我们的生活是朴实的，这类话题毕竟是少数。而且，如果我们每天与对方谈新闻，毫无新鲜感可言。

事实上，我们都是普通人，所关心的问题也比较普通，比如，孩子大了，到哪个学校读书比较好；花卉被虫子咬了，该用什么药；养个什么宠物比较好；猪肉又涨价了，等等。

话题的选择最好能就地取材，依照当时所处的环境选取话题。比如，如果你和对方相遇在朋友家里，不妨与对方聊一聊与主人的关系：

“听说您和某先生是战友？”这样，无论问得对与不对，都不会引起不愉快。

但却有一些话题，会让对方脸色大变？那么，这些禁忌的话题都有哪些呢？不合适的话题主要有以下几种类型：

1. 以“自我为中心”的话题

有的人与人聊天时，总喜欢把自己“私人”的话题拿出来谈，要知道，并不是每个人都对你那些无聊的话感兴趣。

2. 有关禁忌的话题

事实上，每个人都有自己的忌讳，人人也都讨厌别人提及自己的忌讳。我们在与他人聊天或闲扯时，就要避开这类话题，把握分寸，否则，很可能就触及到别人的自尊心，比如，疾病、不幸的婚姻等。

3. 假话题

假话题是指那些无法继续下去的话题，如果你用“今天天气很好”来开始谈话，对方便没有什么话来回应。

如果您发现周围的人不愿意与您交谈，那您就要检查一下您在选择话题方面是不是存在问题。

卡耐基说：“好口才是社交的需要，是事业的需要，是生存的需要。它不仅是一门学问，还是你赢得事业成功常变常新的资本。”但是，能说话不等于会说话，话还要说得有分寸。只有把握好说话的分寸，才算掌握了开启成功之门的钥匙，如此才能把话说到人的心坎儿上，达到“一语惊起千层浪”的效果！

谨慎言谈，别留下话语的把柄

在日常交际中，同样是说话，有的人由于词不达意而处处碰壁，有的人却口吐莲花而左右逢源。这是为什么呢？其实这就是言语的慎密性，前者言语不够慎密，经常被他人抓住“把柄”，后者言语谨慎小心，把话说得滴水不漏。在语言沟通中，无论是赞美他人，还是批评他人，我们都应该谨慎使用言语，把话说得滴水不漏，不给对方反驳的机会，不让对方有空子可钻，以慎密言语来影响他人心理。可是，在现实生活中，许多人不经过大脑思考就脱口而出，常常会因为言语中出现的漏洞而被对方反将一军，或者自作聪明地认为自己掌握了话语主动权，但是，却在无意之间就让对方抓住了“把柄”，最终只能以惨败收场。所以，我们不仅要善于言辞，更要会说话，努力把话说得滴水不漏，不让对方抓住“把柄”。

1. 用好语言“武器”

有时候，沟通就是一场语言的战争，谁先露出了破绽，谁就先输了。因此，我们在沟通过程中，语言不仅可以为我们传情达意，而且还能够成为自己的防卫“武器”。一旦言语中有了“空子”，就给对方提供了反驳的机会，最后就有可能被对方抓住把柄。所以，为了打赢“语言”这场战役，我们需要谨慎使用一字一句，尽量慎言密语，为自己筑起坚固的心理防卫，不让对方抓到把柄，牢牢把握“胜利”的机会。

2. 随机应变

有时候，面对对方咄咄逼人的问题，有可能你会乱了阵脚，于是，那些不该说的就脱口而出。在这样的情况下，对方有可能会从你的话语中抓住把柄，并且伺机通过言语攻击你。因此，在面对别人的提问时，我们要懂得随机应变，把回答的话说得滴水不漏，让对方找不到把柄。

◆第11章◆

做人不要太较真，知趣而退海阔天空

生活中，我们都强调，在做事时要认真，这原本没错，但是一个人一旦认真到了较真的地步，眼里丝毫不揉沙子，那就是和自己过不去，到头来终究会自讨苦吃。其实，我们在做人做事时，如果能以一种闲适的心情来做，把它当成一种乐趣，那么，它就会成为我们放松心情的一种享受！

懂得减速和停止，是人生的一种境界

古往今来，人与人之间都存在竞争，只有竞争，才能取胜，才能脱颖而出，为自己赢得一席之地。当今社会，竞争更是尤为明显，因为人际间的竞争结果往往与人们的生存质量息息相关。因而，人们再也不能固守着自己的一片天地高枕无忧了。但我们还应该看到，太过看重竞争而导致杀机四伏，着实会使人草木皆兵，给人际交往带来重重障碍。这时候，我们需要以退为进，学会妥协，这也是一种舍得的智慧，表面上看，我们舍掉的是继续往前的机会，但后退几步，我们得到的可能是更大的成功。

忍耐、退让并不意味着是失败，相对于“前进”，“退一步”更是一种生存智慧和处世哲学。我们都知道，在动物世界里，狮虎的藏露进退之功，主要是为了猎获对象或者保护自己。同样的道理在生活中也可以运用，许多人只知道乘胜追击，却不知道退一步地前行。殊不知，使劲向前冲，不仅会让自己身心疲惫，而且也难以实现成功。以退为进，看似退让，看似是一种舍弃，但其实是为日后的成功做好准备。无论是生活还是工作，凡事都不要那么强出头，收敛一点，暗中使劲，将来定能出人头地，而且也不会遭人嫉妒和排挤。

可见，懂得减速和停止，是人生的一种境界。有时候，一味地追求高速度并不能达到目标，因为用了太大的冲劲，反而招致更大的损伤。

当今社会，做人做事亦是这道理，高手如云，不少人争强好胜，锋芒毕露，给人一种咄咄逼人的感觉，其结果往往适得其反。其实学着适当“示弱”，并不是表示你无能，有时反而起到化解矛盾、以柔克刚的作用，也许会取得意想不到的妙效。承认“无知”，多学多问，是走向成功之路的必备素质。学会了妥协，就能学会以屈求伸，以退为进,以静制动，以柔克刚，你才可能成为最后的胜利者。

以退为进，是一种智慧，会助你不缓不慢地达到目标。举个很简单的例子，当你走在沙漠中，你的食物和水都没了，而你也不知道放下，此时，你可能会心慌意乱，这就是为什么有些人会死在沙漠中。而倘若能冷静下来，借助星辰找准方向，朝着一个方向走，结果会大不一样。

以退为进，也不是一味忍让，而是为了实现双赢。《将相和》的故事中，蔺相如一而再，再而三地忍让着廉颇，终于使廉颇认识到自己的错误，使自己和廉颇都能各尽其用，使赵国繁荣昌盛。李嘉诚不贪小利，对于失败的竞争对手，他并没有死追穷打，而是留条财路给他人，最终使他自己成为亚洲第一富豪。以退为进，不仅为自己，也为了别人。

可见，以退为进，是我们每个人都追求的目标；退，则是为了更好地进。以退为进，以舍求得，才是真正的大智慧。

后退一步，就是海阔天空

在印度的热带丛林里，人们捕捉猴子的方法是奇特的：

人们先安置一个固定的小盒子，然后在里面放上猴子爱出的食物，而盒子并不是敞开的，而是在上方开一个小口，正好可以让猴子把前爪伸进去，而贪吃的猴子肯定会把爪子伸进去，此时，它的爪子就出不来了。

人们常常用这种方法捉到猴子，因为猴子有一种习性：不肯放下已经到手的东西。

人们总会嘲笑猴子的愚蠢：为什么不松开爪子放下坚果逃命？实际上，我们人类又何尝不是如此呢？

现实生活中，很多人都和猴子一样，他们往往把目光盯在那些虚无缥缈的东西上，而且还拼命地去争取，甚至不顾后果。其实，有时候，懂得后退和放弃才能找到新的出路和机遇。对此，美国电话电报公司前总经理卡贝提出：舍弃是创新的钥匙。这就是著名的卡贝定律。这一理论教会人们：在未学会放弃之前，你将很难懂得什么是争取。

瑞士军事理论家菲米尼有一句名言："一次良好的撤退，应与一次伟大的胜利一样受到奖赏。"同样，生活中的每个人，都要知道一个道理，一往无前未必是胜利，学会后退，并且要果断、大气地后退，才足以另谋出路。当然，不是面对任何事物都需要后退，在毫无出路或者面对那些蝇头小利或毫无前景的决策时，才应该做有目的、有计划地后退，才是追求创新、富有远景所必须的成功条件。

一件事情，重要的不是现在怎样，而是将来会怎样。要看到事物的将来，就必须有高远的眼光。看清了它的将来，坚定不移地去做，事业就已经成功了一半。明智的人总会在放弃微小利益的同时，获得更大的利益。

在世界软件行业，微软为什么能处处领先，它靠的是什么，就是创新。很久以前，几乎所有人都认为只有硬件才能赚钱，比尔·盖茨是第一个看到软件前景的商人，而且"以软制硬"，把其软件系统应用到所有的行业或公司。人们把盖茨称为"对本世纪影响最大的商界领袖"，一点也不过分。而假若盖茨曾经没有放弃自己在哈佛的学业，又何来今天的成就呢？无独有偶，阿尔伯特·哈伯德也是这样一个有胆有识的人。

阿尔伯特·哈伯德是个不平凡的人，他曾是一名肥皂销售员，但即使这份平凡的工作，他也干得有声有色，后来，他成为一名出色的肥皂销售商，但对于这样的职业，他并不满意。于是，就在1892年，他大胆地放弃了自己的事业，开始进入哈佛大学。再后来，他爱上了徒步旅行。

在徒步到伦敦的过程中，哈伯德遇到了威廉·莫瑞斯，并喜欢上了莫瑞斯的艺术与手工业出版社。

哈伯德回到美国后，他很想出版自己的那套《短暂的旅行》的自传体丛书，但不幸的是，他被所有的出版社拒绝了。无奈，他只好自己出版这套书，并以此创建了罗依科罗斯特出版社，哈伯德在书出版之后，成为了既高产又畅销的作家。

成名后的他，充分感受到了什么是名人效应，前来拜访他的人太多了，他的生意头脑又一次被激活了。随着人越来越多，周围的住宿设施已经无法容纳更多的人了，哈伯德特地盖了一座旅馆，而在装修旅馆时，哈伯德让工人做了一种简单的直线型家具，而这种家具受到了游客们的喜欢，接下来，哈伯德又开始了家具创造业。

就这样，哈伯德的人生出现了前所未有的辉煌。同时，出版社出版了《菲士利人》和《兄弟》两份月刊，而随后《致加西亚的信》的出版使哈伯德的影响力达到了顶峰。

有人说，阿尔伯特·哈伯德的一生是无比传奇的一生，他之所以能在多方面都能获得成功，与他不断地看到新的机遇是有极大的关系的，但我们更应该看到的是，他敢于放弃、敢于突破自己的勇气。正因为做到这点，他才能不断地朝着自己的一个又一个目标而努力奋进。

后退有时比前进更有意义，放弃是创新的钥匙。如果努力争取的东西与目标无关，或者目前拥有的东西已成为负累，或者劣势大于优势，那么还不如知难而退。

因此，在为自己所作出的决策权衡利弊之后，如果发现决策失误，那么，也要有敢于后退一步的魄力，此时，你可能会突然发现，原来新的机遇正在前方!

直面失败，要有从头再来的勇气

生活中，我们每个人都是一个独立的个体，都有着与他人不同的命运。现实生活中，有的人能平步青云、顺风顺水，做什么好像都毫无阻碍，也有一些人，总是命途多舛，做什么都不顺利。如果你是后者，那么，请不要灰心，因为这并不代表你是个无能的人，在人生的竞技场上，只有笑到最后的人才是成功的。为此，如果你现在失败了，不必害怕，只要你勇于面对，敢于从头再来，你最终也会成功。

我们生活中的每个人都要有爱迪生的气魄，敢于面对当下，能正确认识，敢于重新再来，你就会无所畏惧。当然，在人生路上，你不可避免地会遭遇困难和挫折，如果面对这些能够从容不迫，沉着冷静，那么在以后的人生道路上就没有什么可以阻止你的了。

2002年3月25日，美国的《财富》杂志用7页的篇幅，刊登了一家中国企业——好孩子集团的报道。事实上，在此之前，好孩子集团早已名声在外，但这篇报道，却让人们将注意力集中到了它的老板——宋郑还身上，这个一向低调的企业家，以一种他并不习惯的方式成为了人们追逐的明星。

宋郑常说的一句话是：“被别人打倒是失败者，被自己打倒就是否定过去的我，重塑一个更强大的我，会跑得更快、更好、更远。好孩子集团就是要做一个永远自己打倒自己，不被别人打倒的‘好孩子’。”好孩子之所以有先进的成就，可以说是得益于宋郑还敢于不断打倒自己。

的确，从宋郑还的创业经历中，我们可以得出一点，人生路上，如果你想使自己获得更多机会，想让自己的事业做得更强，如果你想在人生路上继续前进，那么，你就必须懂得放下的智慧，放下当下的兴衰荣辱，当然，这并不是要我们一味地否定过去，而是要怀着否定或者说放空过去的一种态度，去融入新的环境，对待新的工作，新的事物。为此，你需要记住以下两点：

1. 鼓励自己，给自己打气

任何时候，都要自己给自己打气，确信自己的看法。心中默念：我想我可以，我可以坚持下去。冲破一切艰难不要让你的目标消失在你的信念里，一直打气，把眼前的事情一件一件地做好，那么，你就能一直以良好的状态到达目标。这其中的过程，一直需要有必胜的信念在引领着你前进。

2. 以积极的心态迎接挑战与困难

一个人如果拥有积极的昂扬向上的精神状态，即使身处逆境，也不会感到绝望，不会放弃，能够坦然面对困难，并积极寻找解决问题的办法。其实，人世中的许多事，只要想做，并坚信自己能成功，那么你就能做成。

人生之旅途，路漫漫而其修远也！唯有一路风雨前行，才能让人生活出精彩，也只有洒脱对待人生，才更能收获别样的景致。正如那句话："看成败，人生豪迈，大不了从头再来……"

懂得取舍，适时放下所谓的"面子"

前面，我们已经分析过，我们很多人之所以不愿意吃"回头草"，所有的问题都归结于一点，那就是面子问题。我们都知道，中国人最重视面子，面子就是尊严，伤什么不能伤面子。在很多人的心目中，面子是尊严的代名词，生活中，也有很多人，无论何时，都为自己做足面子：囊中羞涩却硬要做人，因为面子上过不去；生活困难也不求助，为爱面子；不愿作为却勉强为之，为给面子……面子，实在太重要了。丢失了面子，就丢失了光荣，失去了光彩，矮了身份，感到脸上无光，心中无味。面子问题真的这么重要吗？实际上，"要面子"并没有什么错，从某种程度看，它是人类的优点，这是知廉耻、懂礼仪、求上进的表现，但如果"死要面子"，那么，就必然会走向极端，甚至会让你失去人生中的重要机遇。而那些智慧的人却能客观对待面子，在机遇面前，他们懂得舍小求大，放下了所谓的"面子"，从而为自己争取到了更大的利益。

自古至今，放不下面子的人比比皆是，为了所谓的面子，他们失去得更多。

然而，面子比生命还要重要吗？我们先来看下面一则故事：

战国时期，在齐国有个叫黔敖的善人，总是行善好施。这年，齐国出现了严重的饥荒。于是，黔敖在路边准备好饭食，以供路过饥饿的人来吃。

一天，有个饥饿的人很想接受黔敖的施舍，但却很爱面子，于是，他只好用袖子蒙着脸，无力地拖着脚步，莽撞地走来。黔敖看到这个人，就左手端着吃食，右手端着汤，对他说道："喂!来吃吧!"那个饥民扬眉抬眼看着他，说："我就是不愿吃嗟来之食，才落得这个地步。"黔敖追上前去向他道歉，他仍然不吃，终于饿死了。

"宁可饿死，也不受嗟来之食"，表面上看，这是有自尊心的表现，但实际上，这是典型的"死要面子活受罪"，如果没有了生命，又何来自尊呢？

的确，实际上，人们死要面子，是不愿承认个人力量的不足，而实际上，任何人都不是万能的，日常生活中，有太多事情，是你自己无法完成的，也有太多的事情，需要你放下面子，抓住机遇。假如你是一个下属，希望能升职加薪；假如你是一名病人，希望能找到一个医术高超的医生解除你的病痛；假如你在为工作发愁，希望能找到一份如意的工作；假如你急需一笔钱周转生意……这许许多多、大大小小的希望便构成了生活，为了抓住这些改变现状的机遇，你必须要舍得下面子，但很多人一提到这点便皱眉头，甚至羞于告人，觉得很没面子，他们对求人怀有一定的偏见，认为那一定是卑躬屈膝、低三下四的。其实不然，一个人，要想在社会中生存得更好，就要懂得把握机遇，如果你为了所谓的面子而畏首畏尾，那么，你只能坐叹机遇不等人。

总之，人各有所长，也各有所短。以己之短，追慕他人所长，常常力所不及。如果能够摒弃这种以虚假的幻象，就会正确认识自我，也能正确地看待面子问题，在机遇来临前，也就能懂得取舍，放下所谓的面子，从而为自己争取更多的机遇！

做人要学会转弯，与人方便与己方便

在有些事情上，适当地较真，坚持原则固然是对的。但是如果我们过于较真，明明事情还有通融回转的余地，我们却死抠着所谓的规章制度不松口，让本来能办成的事，到最后因为我们的原因没有办成，你想别人心里会是什么感觉，人家肯定会在背地里骂我们是老古板、死脑筋。说不定有些人还会觉得我们根本就是在故意为难他们，而对我们怀恨在心，伺机报复。所以，做人不要太较真，偶尔也会学会脑筋急转弯，与人方便与己方便。

赵磊磊最近真是快要气死了，说的好好的公司这个月给他结清工资，但发工资的时候他打电话问会计，谁知会计说这个月还是没有他的工资。

“这叫什么事嘛！”赵磊磊在电话里气愤地说：“要发就痛快点发，不发就直说，这样拖着到底什么意思？”

只听电话那端，会计无奈地笑着说：“我也没办法啊，我也想发给你，可这是总经理交代的，你说我能怎么办？”

赵磊磊知道会计说的是实话，因为在公司他虽然呆了没多长时间，但就属和会计关系最好了。

事情是这样的：赵磊磊在离开公司的时候，由于不是很清楚公司的离职手续，在离职表上只让主管、财务主管和会计签了字，没有让总经理签字。不是赵磊磊不想让总经理签，而是赵磊磊走的那天，刚好总经理和副总经理去外地学习了，不在公司，而且要好几天才能回来。

况且，赵磊磊走的前一天，副总经理让他做名片的时候，赵磊磊也给副总经理打过招呼了，而副总经理也同意了。而走的当天办完离职手续后，主管和财务主管也没说必须得总经理签字同意以后，赵磊磊才能走。所以赵磊磊就放心地离开了。

但没想到就因为最后走的时候，在离职表上没有让总经理签字，总经理就扣发赵磊磊的工资了，还说赵磊磊违反了公司的规定，因为他在员工大会上刚刚规定，员工离职的时候必须最后由他签字同意后，方可离开，否则一律停发工资。

赵磊磊当然知道总经理是个坚持原则的人，但现在总经理搬出公司的规定来压他，恐怕不仅仅是因为他违反了所谓的公司规定，而是想逼他放弃领那一个月的工资。

就在他准备向劳动部门投诉的时候，会计给他打电话了，说让他明天早上过去领工资，还说总经理说赵磊磊虽然违反了公司规定，但有客观原因，所以不能一概而论，要区别对待。

故事中的总经理，可以算是一个比较较真的人，就因为员工最后走的时候，没按规定让他签字，他就扣发人家的工资。不仅让离职员工对他产生不好的想法，觉得他想以此赖人家工资，而且还影响了他在在职员工心目中的形象。幸亏最后他及时发现了自己的错误，特殊情况区别对待，才没有酿成更坏的结果。由此可见，做人太较真了也不好，容易让别人产生误会，所以，我们偶尔也要转个弯，具体问题具体分析。

1．太较真的人容易得罪人

我们一直说中庸之道，还说做人要外圆内方，其实都是一回事。不管是做人还是做事，我们一定要掌握好适当的一个度，因为一旦越过了界限，好事可能也就变成坏事了。就像水，在0℃以上是液态的，而在0℃以下则变成了固态的，成了冰。这里的0℃就是那个度。做人也一样，过与不及都不好，较真就可以了，但不要太较真，否则就会在不经意当中得罪别人，让自己今后的路更加不好走。

2．太较真就等于不通人情

说句实话，有时候遇到太较真的人还真能把我们气个半死，本来也不是什么违反原则的事，睁一只眼闭一只眼可能也就过去了，不会有什么大的问题，你好我好大家都好。可轮到太较真的人偏偏就是不行，一会儿说我们这儿做错了，一会儿又说我们那儿不符合条件，说他尽职尽责吧，他也真够敬业的，但就是做人太死板，太教条，跟个机器人似的，少了做人的那么一点可爱，让人觉得有点不通情达理。

3. 太较真还可能会误大事

这种情况可能在医院里出现的几率比较高。病人家属出来的时候，或者是因为紧张忘了带钱，或者是已经有人去取钱了，但还没有回来，而很多医院，明明病人没有时间等了，再等就要出人命了，他们却非常坚持原则，非要等病人家属把钱交上了才给病人看病。本来病人的情况就比较危急，可能刚刚送到医院马上抢救，还可能会救过来，但却因为钱不到位，医院太过于较真，而贻误了治疗的最佳时机。

4. 与人方便就是与己方便

该通融的时候，就适当地给别人通融一下，只要不违反大的原则就行，反正领导也不会因为我们少签了一个无关紧要的字，就对我们不依不饶。况且让别人来来去去地跑，既浪费别人的时间不说，也好像是在变相地为难人家，还不如痛痛快快地给别人办了，顺便给别人提醒一下，让他来的时候把什么都做好，这次就把事情给办了，这样人家还会感激我们。与人方便，有时候其实就是与己方便。

一笑而过，是一种洒脱

在生活中，有时候我们遇到的某些人，或者遭遇到的某些事，常常会让我们有一种很无奈的感觉。我们出于好心帮了别人，别人非但不领情，还反过来责怪我们，说我们是狗拿耗子多管闲事。事情明明是这样，别人却硬说成是那样，本来两个人都有错，经他的嘴那么一说，好像错全是另外一个人的，他一点错也没有，是无辜的受害者。遇到这种不讲道理胡搅蛮缠的人，我们没必要太计较，因为他们根本就不值得我们在他们身上费心。一笑而过，既让他们摸不清我们的态度，也表明了我们的态度。

李彩霞知道自从她当上办公室主任以后，厂里很多人都在背后对她说三道四。说她来厂里时间不长，年纪轻轻，又没什么工作经验，谁知道她这个办公室主任是怎么当上的。她当然明白他们指的是什么。

但李彩霞坚信一点，身正不怕影子歪，所以懒得去理会别人的蜚短流长，有时候就算听到了也只是一笑而过。她相信只要自己在以后的工作中做出成绩，向所有的人证明自己的能力，谣言自然会不攻自破。

机会从来都是留给有准备的人的。就在李彩霞打算好好表现一番的时候，市电视台的记者到他们厂里来采访了。作为厂里的办公室主任，接待外来重要客人乃是李彩霞的职责所在。

由于李彩霞本来就能说会道，于人际关系又擅长，再加上接待工作做得非常周到，就连电视台的记者都对她赞赏有加，在厂长面前一个劲地夸她，说办公室的李主任是个人才，小小年纪说话做事就如此老道，非一般人所能及。

鉴于记者对李彩霞印象这么好，厂长干脆做个顺水人情，让李彩霞代表他以及厂里，接受市电视台的采访。李彩霞没有让大家失望，她表现得非常好，态度不卑不亢，说话不紧不慢，最重要的是，她的回答可以说相当的贴切，既很好地突出了他们厂的实力，又让别人听着心里觉得很舒服。说实话，她说的那些话一般的人还真说不出来。

当厂里的人看完新闻后，那些先前对李彩霞说三道四的人，都不由得脸红了。从那以后，也不好意思再说李彩霞什么了。而李彩霞也装着什么事都没有发生，还和以前一样，继续跟大家说说笑笑。

故事中的李彩霞，年纪轻轻就成了厂里的办公室主任，很多人都对她不服气，在背后说她的闲话，可她并没有在意，只是一笑而过。终于在市电视台来厂里采访的时候，李彩霞抓住机会，好好地表现了一把，让所有的人都对她心服口服，再也不敢小瞧她，而且那些中伤她的人，更是羞愧难当，从此再也不好意思说她了。可见，在生活中，有些事解释是解释不清楚的，反而会越描越黑，看人看事有时也需要一笑而过。那么，遇到哪些情况时，我们可以一笑而过，不与之计较呢？

1．听到自己的流言蜚语时，一笑而过

树欲静而风不止。有些时候，就算我们什么也没有做，但一些别有用心的人还是会给我们编造出一些故事来。我们站出来辟谣，他们会说我们是在为自己辩解，反而会更加变本加厉地伤害我们。倒不如装作什么事情也没有发生，不去理会他们，一笑而过。让事实和实力来说话，证明自己的清白，让那些谣言不攻自破，也让那些传播散布谣言的人，找不到攻击我们的理由，更不好意思再胡说八道。

2. 别人误解我们的好意时，一笑而过

当然，有时候也可能是我们的原因，还没搞清楚别人的真实意图，就在那儿瞎出主意，乱帮忙。别人可能说的是气话，我们却信以为真，接着别人说的去做，结果别人不但不感激我们，还说我们是帮倒忙。这样的例子生活中很多，别人说得很对，确实也怪我们，不会听话。但是，有些情况下，我们明明是出于好意，却因为人与人之间互相缺乏信任，别人根本不相信我们说的话，这时，多说也是无益，还不如自嘲一下，一笑而过。

3. 别人故意想刁难我们时，一笑而过

有些时候，别人可能想试试我们的能力，或者有些人纯粹就是想给我们一个下马威，让我们知难而退，不去做某些事，因为这些事很可能和他们有关。遇到这种情况，如果我们示威认输，别人就会觉得我们好欺负，以后更不会把我们放在眼里，一定要巧妙地反击，但是要点到为止，给对方一点教训，让对方知道我们的实力就可以了，从今往后不敢再随便找我们的麻烦，然后一笑而过，留给别人一个美丽的背影。

4. 不能正常跟别人沟通时，一笑而过

由于经历、价值观、人生观的不同，有些人可能跟我们的想法截然不同，我们极力推崇的，正是他所反对，我们讨厌的，却又偏偏是他所喜欢的，我们说的他不感兴趣，他说的我们又听不太懂。就像是来自两个星球的人，因为缺乏共同语言，根本就没有办法沟通。说得越多，反而彼此之间的分歧越大，矛盾也越来越多，倒不如见了面友好地打声招呼，然后一笑而过，这样最起码也可以成为点头之交。

◆第12章◆

忠言也可不逆耳，知趣之人不说伤人心的话

人们常说“良药苦口利于病，忠言逆耳利于行”，但实际上，并不是所有人都能接受逆耳的忠言，过于直白生硬的说服，往往很难令人接受。因此，我们在批评指出他人错误的时候，应该尽量运用委婉的说服方式，这样不仅可以让对方乐于接受我们的说服，而且也会给我们的话语留有回旋的余地。

杜绝快言快语，才能避免伤害他人

《论语》中曾经有过记载，意思是一个人假如质朴胜过文饰，就会非常粗野；假如文饰胜过质朴，又会变得虚浮；只有质朴和文饰相得益彰，才能成为真正的君子。这句话告诉我们，一个人如果心直口快，过于直爽，就变显得非常粗俗。生活中，很多朋友以自己性格直爽、心直口快为由，总是不愿意收敛自己的任性。也许身边的亲人朋友会包容我们的脾气秉性，但是一旦走入社会，那些不相干的人，或者是关系一般的人，诸如同事、普通朋友，甚至是陌生人，还会如此包容和纵容我们吗？最终，那些心直口快的话不但会变成锋利的刀子刺伤他人的心灵，也会因为他人对我们的嫌恶，最终也给我们的生活带来很大的伤害，造

成很大的阻碍。因此，我们必须杜绝快言快语，这样才能避免伤害他人，也才能更好地经营人际关系，让我们的生活和工作更加顺遂如意。

如果以比喻来形容，快言快语就像是一把锋利的刀子，而且是双刃的。尤其是不加掩饰地说话，更会给他人的心中带来无法挽回的伤害。很多朋友也许认为，说话说错了没关系，只要自己说话当时感到痛快，等到过后再道歉就好。殊不知，说出去的话，泼出去的水，我们再怎么努力，也无法挽回语言带给他人的伤害。

一般情况下，说话快言快语的人比较富于正义感，思维敏捷，口齿清晰，所以语言瞬间的爆发力很强。与此同时，语言的杀伤力也很强。要知道，不管我们的初衷多么好，我们一旦语言上让他人受到伤害，他人是一定会讨厌和记恨我们的。同样一句话，会说的人说得人笑，不会说得人说得人跳，我们如果能够改变一种方式把话说到他人的心里去，为何偏偏要得罪人呢！要知道，人脉资源是现代社会最重要的资源，非常值得我们珍惜。所以，我们要学会委婉曲折地说话，让话变得更加动听，也能够打动人心。

很多时候，委婉含蓄的表达比快言快语的效果好得多。一则，委婉含蓄的表达方式能够表现出说话者的涵养和修养；二则，委婉含蓄的表达方式能够让听话者心平气和地倾听，理智地思考；三则，委婉含蓄的表达方式比较温和，更容易让听话者接受。假如我们在使用委婉含蓄的方法表达时，再设身处地地为听话者着想，从更容易被听话者接受的角度出发阐述问题，那么表达和说服的效果一定会更好的。

别傻了，言语直来直去并不会让你受欢迎

生活中，每个人都需要与人交流和沟通，语言是人际交流的重要方式，交谈有利于彼此之间交换信息、想法和感受的，其中就包括劝解他人改变主意。常言说，忠言逆耳，顾名思义，忠实的劝告听起来不舒服。事实上，这是因为我们没有掌握正确的方法，其实只要我们学会从对方能接受的角度劝谏，完全可以做到忠言顺耳。

然而，我们发现，生活中，总是有些人，把说话当成辩论赛，好像说得快、说得多就代表自己胜利了，说话往往脱口而出。事实上，正是因为这样，而导致祸从口出，说一些不该说的话，犯一些无法弥补的错误。

生活中的任何一个人，都要明白，你已经不是孩童了，说话做事都要先经过思考，思考其后果，而不是逞口舌之快，其实，任何一种意思都可以含蓄隐晦地表达。同样，在劝诫他人时，言语不可太直，也就是人们常说的“说话留三分”，否则会招惹对方不快。因此，委婉地表达自己的意思，就能增加神秘感，也就有可能收到所期望达到的效果。

职场中，一些人很勤奋努力，却不见升职加薪，其实问题就出现在他们的嘴上，他们不但不懂得如何劝谏他人，甚至连基本的说话原则都没有掌握。一般情况下，他们所犯的错，就是对某些人群进行概括性的负面评价。比如，可能某个人在休息时间，无所事事时，会谈及大家共同关系的问题，比如婚恋问题，可能这个年轻人会说：“女人三四十岁不结婚，心理肯定有问题。”或许此时，他旁边就站着一个大龄未婚

女，那么，从此这位“大龄女”也就与这位年轻人有了芥蒂。

心理咨询师认为，大嘴巴的人企图用提供信息获取他人的肯定、接纳、赞赏，并被同事欢迎。这种人短期可能会被认可，但久而久之肯定会成为老板最想一脚踢走的家伙。

当然，不仅仅是职场，我们在任何场合，都要注意自己的说话方式：说话太快，不考虑别人的感受，张嘴就来，非要逞一时口舌之快，就可能让别人心有不悦，甚至激怒别人。

所以，嘴上占上风并不代表你有多么了不起，别人不会因为你的“伶牙俐齿”“心直口快”就佩服你、喜欢你，反而会以为你的不识抬举、不懂礼貌而厌恶你，你的人际关系也就会因此而越来越差，甚至出现孤立无援的悲惨局面。

总之，“说话”也是一种艺术。说什么、怎么说，都有讲究。很多时候，一句恰当的话可以为你加分，而有时吃亏就是因为没能管住自己的嘴巴。对此，我们要有清醒的认识，无论想说什么，不妨先打个腹稿，多考虑一下自己这样说的后果，这样，能避免说出很多不该说的话。

巧妙指出他人错误，不必“横眉立目”

对于有些人来说，犯错是“家常便饭”，认错却是“蜀道之难”，若再被人当面指责，那更是“奇耻大辱”。对于每一个人来说，尊严是必需的心理需求；对于很多人来说，虚荣也会时常作祟，因此，面对他人的批评或指责，人们往往会生出抵触情绪。然而，长于社交、善用口才的人，他们并不会因为顾及自己的人脉或形象而对他人的错误三缄其口，他们会用一种巧妙的方式，委婉地为对方敲醒警钟。

白手起家的赤木经过几十年的打拼，终于有了自己的工厂。因为出身底层，所以他特别体贴工人。工作中发现了工人的错误，从不会疾言厉色地批评，而是以自己特有的方式来教化工人。

这天中午，赤木来到车间，发现几个工人正围在“禁止吸烟”的标志下边吞云吐雾边打扑克。他没有动怒，只是慢慢地走过去，对因为他的出现而手足无措的违纪“烟枪”们说：“嘿，小伙子们，看到你们在大中午精神还这么好，我真高兴。我这里有一盒高级雪茄，是别人送的，我还没舍得开封呢！你们愿意赏脸陪我出去品尝一根吗？”正在努力隐藏烟头的工人们听到这话，赶紧簇拥着赤木走出车间。

从这以后，再也没人在车间里吸烟。工人们养成了自觉午休的习惯，中午的小憩，让他们在下午干活时精神更加饱满，注意力也更加集中。工厂的效益，也就不言而喻了。

几乎每个人对于自身的评价都是高于实际的，都是高人一等的。因此当人们犯了错误或是显露出缺点时，往往很难接受他人的指责和批评。很多时候，婉转建议所收到的效果，远远超过直接批评。因此，我们在社会交际中，如果想要帮助犯错之人改正错误，不妨委婉一点，巧妙一点。

在指出他人错误时，有哪些方法可以让自己的话更加婉转呢？

1. 态度温和

温和的态度，让我们更平易近人，也让沟通更加轻松。无论我们与他人交流的内容是什么，平和而温柔的语气、神态，是让对方保持沟通兴趣的前提。尤其是当我们提出与对方相悖的意见乃至批评对方时，这样的态度能够减轻对方的对抗情绪，让沟通更有效。

2. 言语风趣

幽默是人际关系最好的润滑剂。幽默的人，让人不自觉地想要靠近。风趣的语言，能让原本尴尬或紧张的气氛变得愉悦、惬意，也能让对方在哈哈一笑时，舒缓情绪，降低防备心理，更容易接受我们的意见。

3. 间接提示

直截了当的批评，是大多数人都难以真心接受、难以在短时间内消化的。因此，婉转、间接的暗示，就成了我们提出批评意见时必备的技巧。我们可以通过自我检讨或批评旁人的方式，委婉地提醒对方他所犯的错误；也可以通过正话反说的方式，让对方自己意识到不足，而反说的正话，有时还能起到激励的效果，可谓一举两得。

批评他人，不可伤害对方尊严

英国作家约翰·高尔斯华绥曾经说过：“人受到震动有几种不同，

有的是在脊椎骨上；有的是在神经上；有的是在道德感受上；而最强烈的、最持久的则是在个人尊严上。”自尊，是人类共同的、最基本的心理需求，每个人的尊严都不容小觑。即便是犯了错误的人，也有权利维护自己的尊严不受侵犯。我们在批评他人时，首先要做到的，是不伤害对方的人格尊严，不触及对方的底线。

美国历史上最伟大的总统之一——林肯，在其青年时期，也曾因为年轻气盛，毫无顾忌地胡乱批评别人而受到深深的教训。

青年林肯在他居住的当地，是个有名的“刺儿头”，整天不是对着别人评头论足，就是写点文章挖苦别人。他还特意将这些文章丢在路上，好让被他嘲弄的人好好“受教”一番。后来，林肯来到伊利诺伊州的春田镇，成为一名见习律师。直到这个时候，他还是没有改掉随意批评别人的坏习惯。

这天，他在当地的《春田日报》上匿名发表了一份讽刺信，在信中狠狠地批评并嘲笑了当地一位名叫詹姆士·席尔斯的政客，使这位自负而好斗的成为全镇的“焦点”。恼羞成怒的席尔斯通过各种手段，最终查出了这封匿名信的作者。怒火难消的他立即向林肯发下战书。林肯并不想决斗，可是为了“面子”，又无法拒绝。万般无奈之下，他根据自己双臂修长的特点，选择了骑兵的佩剑作为决斗武器。为此，他还专门向一位西点军校的毕业生请教剑术。

到了约定的这一天，林肯如期来到决斗场所，与席尔斯在密西西比河的岸旁拉开架势。正当两人准备一决生死时，好在有人及时赶来，阻止了这场决斗。

事后，林肯反思道：若是这场决斗没有被阻止，那么一定会有人伤亡。而无论是哪方败北，都是两败俱伤的结果。这个险些酿成悲剧的事件，正是自己肆意批评别人，不懂得维护他人自尊引起的。从此以后，林肯吸取教训，开始懂得如何在表达自己意愿的同时，尊重他人。

心理学研究表明，在面对他人的批评、指责时，人们心中往往会存在一个“反弹指数”，而这个反弹指数的大小，通常取决于批评的程度和方式。一旦这个指数超出被批评者的承受范围，很容易引起他的反击行为。因此，在批评他人时，我们一定要小心维护对方的尊严，将对方的反弹指数控制在合理的范围内。

那么，在批评他人时，该采用哪些方式，维护对方的自尊呢？

1．选择合适的场合

众所周知，“大庭广众”之下是最不适宜批评人的场合。每个人都有在人前维护面子的需求，所处的场合人越多，人们越希望能展现出自己良好的风采。因此，在人多的场合批评某人，即便你的态度和风细雨，也很容易引起对方的不满乃至反击。批评，是为了让人改过，并非为了损人颜面。既然如此，何不在私下与对方心平气和地探讨他的问题呢？

2．对事不对人

人无完人，每个人一生中都会犯下大大小小的错误，许多犯错者往往能够自觉自知，并且接受他人合理的批评。但是，如果批评者不分青红皂白，因为一个错误而否定犯错者整个人，那么势必招致犯错者的反击。试想，当你的某个企划案出现纰漏时，领导的一句“你这次太大意了”，或是“我看你根本就是能力有问题”，哪句更容易让你接受，更容易点醒你呢?

3. 有理有据，言语中肯

想要犯错者接受批评并从中受益，重在批评之言有理有据，且言语中肯。毫无根据的指责，不仅令被批评者无辜受屈，对你生出嫌隙，更会影响你在人们心中的形象与威信。同时，批评者的言论，须能一语中的，切中要害，才能使犯错者醍醐灌顶，心服口服。

转换思维，寻找对方能接受的切入点

现代社会，人与人之间的交往空前频繁，在很多情况下，我们需要劝服对方，而我们首先要做的就是辨析对方的心性，了解其内心世界。然后，针对对方心理“对症下药”，找到说服对方的有效途径、方法。如果考虑从正面不能说服的话，不妨转换一下思维，从对方能接受的角度入手。然后再根据对方的需要，提出你的新主张，从而让对方放弃自己的旧主张，达到说服对方的目的。

心理学家研究表明：人内心中对自己非常的忠诚，对于反对和批评会产生强烈的抵触和对抗，心里觉得你并不了解他。相反，如果你能设身处地地说出为对方的担忧，表达你的同情和理解，别人心里会感觉到温暖，抵触的情绪会减弱。基于人们的这种心理，在表达批评的时候，不妨动之以情，设身处地地为他人着想，说出对方内心的担忧。

其实，人际交往中，说服别人，如能从被说服对象的心理角度入手，往往能取得事半功倍的效果。而如果对倾听者不加分析，交往就会遇到重重阻力。在生活中，这样的例子非常的多。比如，有一位先生，请一位室内设计师为他的居所布置一些窗帘。当账单送来时，他大吃一惊，意识到在价钱上吃了很大的亏。过了几天，一位朋友来看他，问起那些窗帘时，说："什么？太过分了！我看他占了你的便宜。"这位先生却不肯承认自己做了一桩错误的交易，他辩解说："一分钱一分货，贵有贵的价值，你不可能用便宜的价钱买到高品质又有艺术品味的东西……"结果，他们为此事争论了一个下午，最后不欢而散。可见，即使一个人犯了错误，也不愿意被别人贴上标签。与其说"你错了"，倒不如换个角度，迂回一点寻找说服的方法。

那么，我们该怎样做呢？

1. 掌握火候，不要在刚开始就讨论双方的分歧点

如果一开始我们就反对对方，那么，对方只会产生逆反心理；而反过来，如果我们站在了对方的角度说话，先肯定他，或者讲些对方愿意听的话，那么，共同点找到后，你再表达自己的观点，对方会更容易接受。

2. 切莫让对方先入为主

如果在开始说话前，对方就已经对你树立起了警戒或者对立的态度，那么，说服的难度自然就会加大，所以我们应当一面巧妙地疏导和松懈对

方的戒心，一面小心地辅以适当的劝服，这样对方就比较容易接受。

3．注意自己说话的态度，说服忌批评

假若你劈头盖脸地批评对方，那么，这无疑是火上浇油，会使对方迁怒于你。所以劝服别人一定要注意自己说话的态度，真诚恳切而又平心静气地向对方陈述，使对方信任你，才有可能说服对方。

总之，我们要对对方进行一番了解，当正面说服容易使对方产生对立情绪时，不妨采用迂回方法：或退一步，或从侧面，或步步为营，总之，要从对方可以接受的角度入手，从而让对方在不知不觉中接受你的意见。

忠言也可以顺耳，向上司谏言有诀窍

俗话说，“金无足赤，人无完人。”即使是工作经验、人生阅历都远胜于我们的上司，也难免会有认知方面的局限，难免会有疏忽、错漏的时候。作为下属，当上司作出不合理、不正确的决策时，我们又该如何巧妙谏言呢？

无论在史书中还是在后世人们的口中，唐太宗李世民的妻子长孙皇后都堪称“千古第一贤后”。她身在后位，心系百姓，母仪天下；与唐太宗夫妻恩爱，鹣鲽情深，且善于借古喻今，时常劝谏李世民，尽心保护忠诚得力的大臣，与他们一起辅佐李世民，使其成为“千古名君”。

在那个等级制度森严的封建时代，对于长孙皇后来说，李世民是她的夫君，也是她的“顶头上司”，更是天下百姓的主宰者。虽然李世民素有虚怀纳谏的美名，但毕竟军伍出身，脾气难免有急躁之时。因此，对于劝谏李世民，长孙皇后有一套自己的办法。而最著名的一次劝谏，莫过于“朝服进谏”。

一天，唐太宗在朝上被耿直的魏征气得怒火朝天，他在朝堂之上不好发作，下朝以后回到后宫，大嚷着要杀掉那个乡巴佬。长孙皇后听了，心中一惊，忙问谁惹唐太宗生气。唐太宗生气地说：“除了魏征还有谁？每次上朝都直言进谏，弄得我很不自在。”长孙皇后听了，并不说话，只是退了下去，然后穿上正式的朝服站在庭院里向唐太宗祝贺。见唐太宗不解，长孙皇后答道：“妾身听说君上圣明臣子才会忠诚。如今就是因为陛下圣明有德，魏征才敢直言进谏。这样看来，妾身不是应该向您道贺吗？”

唐太宗听了长孙皇后的话，明白了她的良苦用心，心中之火也就自然而然地消散了。从这以后也更加敬重长孙皇后。

一个错误的决策，也许会影响一个或几个员工，也许会搞砸一个或几个项目，更有甚者，也许还会令集体承担巨大的损失，阻碍整个集体的良好发展。因此，虽是下属，虽然“人微言轻”，我们也肩负勇于谏言的责任与义务，也同样能够在集体中发挥出一言千金的作用。这其中的关键，就在于我们是否掌握了巧妙劝谏上司、忠言也能顺耳的诀窍。

那么，在劝谏上司时，应该注意哪些方面呢？

1. 看菜下饭

面对不同的上司，我们要采取的劝谏方式也不同。不同的人有不同的性格、脾气和处事方式，对于他人意见接受程度也不尽相同。因此，我们在劝谏前，应先摸清对方的底细，从而选择合适的应对方式。

2. 否定之前先肯定

无论是高高在上的成功者还是习惯了低头颔首的不争之人，没有几个人真心愿意接受他人的批评、否定甚至是意见。因为对于每一个人来说，一旦接受了他人与自己相悖的意见，那无异于承认了自己之前的错误。因此，我们在劝谏上司时，对于上司的决策，应先作出肯定，然后再通过各种合适的方法，提出你的建议。

3. 注意态度

与上司对话时采用敬语，是大部分人平时的习惯。但有些人在谏言时，容易让激情战胜理智，趾高气昂或慷慨激昂之态给人一种“得理不饶人”的感觉。我们在劝谏上司时，应保持日常的敬意，以诚恳的态度提出个人意见。如此，即便上司不采纳你的意见，也能对你保持以往的良好印象。

4. 认清身份

在劝谏上司时，我们一定要牢牢记住这一点：自己只是一个建议者，上司才是最终的决策者。劝谏时少说“我认为”“这样不行”“绝对”，而应多以“不如”“您看”“也许”等词句辅助。

◆第13章◆

人贵有自知之明，了解自己的位置和分量

生活中，我们经常听到人们说这样一句话：“人贵自知。”这个成语的意思是要告诫我们要看清自己，了解自己的长处和不足，的确，我们任何一个人，知识和能力是有限的，也有自己特定的身份和位置，只有认清这一点，我们才能做对的事，说对的话，做一个知趣的人。

准确自我定位，然后不卑不亢

所谓人微言轻，顾名思义就是一个人的身份地位很低，所以说起话来也轻飘飘的，毫无分量。当然，现代社会人人平等，从人格上来说每个人都是一样的。所谓身份是高还是低，只是相对而言的。毕竟，每个人在社会生活中扮演的角色不同，所以职位也是有高有低，地位也是各不相同的。诸如在生活中，中国是人情社会，有些亲戚关系的人之间长幼尊卑定义严明，我们作为晚辈必须尊重长辈，长辈也必须表现出长辈应有的尊严和威仪。再如，在职场上，官大一级压死人。哪怕我们再怎么说人人平等，在面对上司时，我们还是要给予其足够的尊重。包括那些年纪比我们大、经验更丰富、专业能力强的老同事，我们也要把他们看在眼里。但是如果情况恰恰相反，我们是作为长辈或者上级，那么我

们也要谨言慎行。与人微言轻相对，当我们辈分高，职位高，我们自然说话也更有分量，更容易给他人造成影响力，所以我们一定不要滥用这份权威，而要谨言慎行。

当然，我们这里将要重点讨论的还是人微言轻的问题。现实生活中，很多朋友虽然知道人微言轻的道理，却不知道如何准确定位自己。他们因为自我感觉良好，就觉得自己是有权威的，实际上，我们首先要做的是认知和了解自己，从而为自己准确定位。意识到自己的身份和地位之后，我们才能始终牢记人微言轻的道理，不管说话还是做事，都要低调内敛一些，在面对前辈的时候，也要毕恭毕敬。在职场上，假如我们给自己定位过高，就难免会给他人留下肆意张狂的印象；假如我们给自己定位过低，又难免感到自卑，因而导致自己抬不起头来，甚至无法大胆地表现自己。很多情况下，我们最好的态度都是不卑不亢，这样才能更加恰当。这也是要以认识自己、定位自己为前提的。

古时候，有个人特别喜欢打猎，因为他喜欢那种策马奔腾的感觉。为此，他还专门养了一条猎狗和一只猎鹰，猎狗可以帮助他追捕受伤逃跑的猎物，猎鹰非常机警，行动敏捷。每次打猎，他都带着猎狗和猎鹰出行，但是在捉到猎物后，尤其是抓到兔子后，他都把兔子的心脏赏给猎狗吃，猎狗也总是津津有味地吃掉，还高兴地摇着尾巴。

有一天，这个人又去山上打猎，但是半天时间里毫无收获。猎狗此刻觉得很饿，突然，他看到草丛里蹿出两只兔子，因而他赶紧放出猎鹰，配合猎狗一起撕咬兔子。这两只兔子吓得魂飞魄散，不顾一切地四处奔跑，玩命挣扎。猎鹰虽然也使出了浑身的力气，但是却总是无法制服兔子。这时，猎狗看准时机，突然猛咬兔子的后腿，但是它因为用力过猛，居然一下子咬到猎鹰的脖子，猎鹰当即死了。

猎狗不知所以，还以为自己咬死了猎鹰也能立下功劳，因而跳来跳去、摇尾乞怜地走到主人面前。主人却伤心地流下眼泪，要知道这只猎鹰可是他辛辛苦苦养了很久的啊！看到猎狗得意的样子，主人一时冲动，居然抬脚把猎狗踢得远远的，直接掉下悬崖摔死了。事后，这个人也非常后悔，毕竟猎狗是个畜生，根本不理解人复杂的心思和情感。他懊悔地对妻子说："假如当时猎狗能够知道自己犯了错误，躲到一边，我也就不会盛怒之下不顾一切地踢它一脚了。"

人生在世，就是如此。虽然猎狗在平日里得到主人的宠爱，但是它与主人之间的尊卑关系不会改变。也因为猎狗每次都能吃到热乎乎的心肝，所以它忘记自己的地位，还以为主人在它犯了错误之后依然犒劳它呢。现实生活中，人与人之间的关系也是非常微妙的，当然，以人和狗的关系来比喻人与人之间的关系，显然不太恰当，但是其中的道理却是共同的。

人贵有自知之明。偏偏生活中有很多人都对自己估计不足，也缺乏眼力见，总是无法看清楚生活的形势。他们或者自我感觉良好，或者自以为是，妄自尊大。实际上，这么做就距离惹火烧身已经不远了。聪明人从不逞强，更不会冒着风险没轻没重地说话。就像在职场上，在上司发怒的时候，最好有多远躲多远，假如不分青红皂白还要往前凑，那么只会导致自己成为上司的出气筒，被上司抢白，甚至是批评。尊重他人的怒气，也是尊重我们自己，唯有看出眉眼高低，我们才能避免自己被无缘无故地牵连。当然，有的时候我们自己犯了错误，就更要虚心认错，不要与上司辩驳。否则，上司一定会因为我们无理辩三分而更加生气的。总而言之，认知自己至关重要，及时体察他人的情绪从而做出正确应对，也非常重要。

自高自大，只能招人讨厌

做人不能妄自菲薄，否则就会失去信心，无法获得成功。同样的道理，做人也不能过于骄傲，给人以自高自大的感觉。生活中，总有些人自以为是，总是当着他人的面夸耀自己，吹嘘自己。他们以为这样就能赢得他人的尊重，从而让自己变得更有面子和尊严。实际上，面子和尊严绝不是我们能用夸大其词换来的。我们必须尊重事实，客观中肯地评价自己，这样才能给人留下良好的印象，避免招人讨厌。

有些人之所以吹嘘自己，并非是故意吹牛皮，而是他们本身对于自己的认识就不够客观公正。古人云，不识庐山真面目，只缘身在此山中。很多人自以为了解自己，实际上对自己却非常陌生。他们或许知道自己的优点，却不知道自己有什么致命的缺点。他们或许知道自己的过人之处，却不知道自己有何短处需要弥补。长此以往，他们必然变得狂妄，言语上也就不由自主地张狂起来。我们每个人都应该改掉自高自大的毛病，端正态度，认知自己。这样才能中肯地评价自己，从而也得到他人的认可和尊重。

现实生活中，有很多人都喜欢吹牛皮，牛皮却是容易被吹破的。而且，吹牛皮是有时效的，总有一天会真相大白，且为人所知。为了避免自找难看，聪明的人宁愿低调一些，在关键时刻让他人对自己竖起大拇指，也不愿意平日里四处张扬，等到关键时刻却掉链子，遭人讽刺。假如一个人经常吹牛皮，却无法兑现自己的承诺，那么日久天长，身边的人必然会知道他的底细，也就对他不再信任了。就像《狼来了》的故事中，孩子几次三番喊狼来了，等到狼真的来了，再也没有人相信他的话了。不得不说，这是做人的悲哀。

不管做人做事，我们都要尊重事实，也要本着对自己和他人负责的态度，不夸大其词。举个最简单的例子，假如朋友求你帮忙办事情，你不假思索地夸下海口，朋友不知道你是吹嘘，而把所有希望寄托在你的身上。当你食言，朋友知道真相，还能拿你当朋友看待吗？所以说，吹牛皮对于我们的生活和工作毫无好处，只会给我们招致不必要的麻烦。我们必须实事求是，本分做人，才能真正得到他人的尊重和认可。

事不如意，也别不分场合地抱怨

生活中，总有些人满面愁容，牢骚满腹。究其原因，他们难道真的生活不如意，处处被人欺负，或者是命运多舛吗？其实不然。他们之所以发牢骚，并不是因为得到的太少，而是因为想要的太多，或者是对人对事要求太过苛刻，所以才会无论如何也无法感到满意。

尤其是在现代职场上，竞争越来越激烈，每个人都承受着巨大的压力，所以越来越多的人对于现状不满，对于人生失望，也变得更加牢骚满腹。例如，年轻人抱怨自己活儿干得多，但是拿的工资却不如别人高；老员工抱怨自己经验丰富，资历老，却得不到晋升；闲着的人抱怨工作不够充实，忙着的人又说自己忙得要死……假如我们都能把自己的心态调整一下，换个角度看待问题，也许就会有截然相反的感受。例如年轻人干活多，无形中积累了丰富的经验；老员工得不到晋升，工作上如鱼得水，反而落得清闲，多陪陪家人；闲着的人可以多多学习，充实自己，忙着的人可以借此机会提升自己的能力，完善自己……朋友们，意识到问题所在了吗？其实并非命运对于你们太刻薄，而是因为你们的心始终愤愤不平。

除了调整好心态尽量少发牢骚之外，我们还要注意，如果非发牢骚不可，我们也要注意区分场合。发牢骚的过程中，我们发泄的是负面情绪，有可能还会说出一些过激的话，在这种情况下，是很容易得罪人的。因而，我们有些牢骚只能在私底下的场合发，除非我们想把事情闹大，才可以故意在公开场合发牢骚。否则，肆无忌惮地发牢骚，一定会给我们的生活带来很多麻烦和负面影响。

人是情感动物，人是群居动物，感情细腻或者冲动的一群人聚集在一起生活或者工作，必然会引发严重的情绪问题。所以，牢骚也就应运而生。人们在受到挫折或者遭遇不公平待遇时，是最容易发牢骚的。牢骚看似是在发泄情绪，实际上与我们的心理状态密切相关。当然，情绪宜疏不宜堵，我们无法制止任何人发牢骚，就像我们无法要求任何人不要吃喝拉撒一样，但是发牢骚必须区分时间和场合，也要注意区分对象。面对不同的对象，我们有些话可以说，有些话不能说。因而朋友们，发牢骚可不能随心所欲哦！

很多人在冲动之下发牢骚，完全口不择言，有什么就往外说什么，却没有想到说出去的话如同泼出去的水，想要收回是绝不可能的。而且，隔墙有耳，我们无心之中发泄的情绪，也许在我们不知道的情况下就会被别人用来打小报告，狠狠地参我们一状。这样一来，我们此前就算有再多的付出和成就，也会因为上司的轻信而抹杀殆尽。所以，除非你想要离开一家公司，否则千万不要随意发牢骚。而且就算你真的想要离开这家公司，也应该采取和平友好的方式解决问题，这样才不至于对你们未来的职业生涯产生负面影响。

脚踏实地，经营好属于自己的人生

生活中，总有些人自视甚高，把自己看得太高，也把自己抬得太高。殊不知，越是把自己抬得高，在遇到挫折的时候，就越是容易狠狠地掉下来，摔得更惨。所以，我们要想避免难堪，就要适度中肯地评价自己，避免盛气凌人，从而也能帮助自己更好地进步和提升，成就自己。

正所谓尺有所长，寸有所短，每个人也有自己的优点和缺点。我们不能因为自己的优点就妄自尊大，也无需因为自己的短处就妄自菲薄。唯有保持平常心，意识到自己可以扬长避短或者取长补短，端正心态从容面对生活，才能脚踏实地，经营好属于自己的人生。

在现代社会，人是没有高低贵贱之分的。尽管每个人的出身可能不一样，人生起点也各不相同，但是一个人只要奋发向上，坚持努力，就终于有一天能够出类拔萃，成就自己。当然，把自己看得太高，在心理落差巨大的情况下，我们也会因此怨声载道。说白了，抱怨就是因为心理失衡导致的。此外，自视甚高的人还会瞧不起他人，对他人居高临下，这会使我们与他人的关系变得紧张，我们也会脱离“群众基础”，变成孤家寡人。就连贵为天子的皇帝都知道水能载舟，亦能覆舟，更何况我们作为普通人更需要他人的协助和帮忙呢！朋友们，任何时候都不要自视甚高，过于抬高自己，否则我们就会成为众矢之的，陷入他人的围攻之中。

也许有些朋友会说，才华横溢的人必然锋芒毕露，就算是我们故意低调内敛，他人也会因为我们的杰出成就而关注我们，甚至嫉妒我们。其实不然。才华横溢的人，也可以做到低调内敛，也可以做到悄无声息。所谓张扬，一定是出于主观意愿的，所以是否引人瞩目也取决于我们自身。人们常说，做人要低调，做事要高调。真正的聪明人，不但做人低调，做事也很低调，这样一来，才能更加有效地保护自己，免遭他人嫉恨。

每个人行走在人生路上，不管境遇如何，一定要牢记低调的原则和道理。不管什么时候，我们都不能连蹦带跳地走路，否则很容易一不留神就被脚底下的石头绊倒。我们唯有一步一个脚印，坚定不移地走好自己的人生之路，才能避免因为盲目冒进或者是招人嫉恨，受到伤害。

当然，低调做人做事并非意味着软弱怯懦，在任何事情面前都当缩头乌龟。相反，低调做人做事的人心里一定是有大主意的。他们很清楚自己应该怎样才能强大起来，也知道如何躲避人生中的凶险暗流和礁石。很多智者都说人生如履薄冰，如临深渊，的确，人生之中暗藏很多陷阱和我们没有发现的黑洞，我们必须谨慎小心，才能踏踏实实走完一生。

在一些特定场合学会示弱，让自己表达有度

生活中，很多人觉得自己能力很强，才华很高，总是在不断地向人炫耀和卖弄。尤其在一些特定场合，你表现得过于优秀，气场营造得过于强势，往往会让别人黯然失色，颜面无存。却不知，自己在春分得意之余树立了很多的对手和敌人。可见，到处显露才华，与人争强好胜往往会成为别人攻击的靶心子，给自己带来不必要的麻烦。因此，在一些特定的场合一定要学会示弱，让自己表达有度，照顾别人的脸面。

科研所的小王名牌大学毕业，非常有才华，所里的领导也非常器重他，刚工作不久，就让他带领着同志们主攻一个有一定难度的科研项目。小王凭借着扎实的基本功，在所里同事的大力配合下，短短的几个月的时间，就拿下了原计划要一年时间才能完成的科研项目。小王的卓越表现着实让领导们刮目相看。

在庆功宴上，安排小王讲话，小王站在台上，一个劲地说自己如何废寝忘食的加班，如何牺牲业余时间查资料，讲了整整半个小时，把领导和同事们完全抛到了九霄云外，一个人独揽了所有的功劳。

讲话还在继续，同事们就在下面开始窃窃私语，连所里的领导也在一边说："小王这样做真不合适，这让我们当领导的脸往哪里搁啊？他这么有才，那我们全是饭桶了？"

庆功宴结束之后，小王的朋友就劝他："你怎么可以那么说呢？你之所以能迅速成功，同事们和领导给了你多少帮助，你怎么连个感谢的话也没说呢？同事和领导对你都有意见。"

小王不以为是地说："他们帮了我什么忙，要不是我，怎么会有这个成果呢？我付出了汗水，自然收获果实。"

渐渐的，小王觉得同事们都在有意无意地和他作对。他让小李打印东西，小李给他冷冷的一句："大功臣，你是干大事的，我哪里配给你当下手啊。"他让小刘去发个传真，说了好几遍了，小刘就是不去。无奈，小王去找领导诉苦，领导不冷不热地说："你是有功劳的人，连你都使唤不动，我就更管不了了。"

事实上，从那之后，小王再也没有研发成功项目。

故事里的小王在庆功宴上独揽功劳，不断炫耀自己的才华，结果把在场的同事和领导当作摆设。尤其是他的上司，小王的优秀会让他们产生不安全感，害怕失去权力，更让他们觉得自己是酒囊饭袋，没有能力。为了巩固自己的领导地位，为了让自己显得不那么失色，他们暗地里给他设置障碍，不时增加压力，他自然就没有好日子过了。可见，在有些场合下，一定要学会示弱，要照顾别人的面子和心理，这样你才能在自己的路上走的更远。那么，究竟在什么场合之下要学会示弱呢?

1. 在有领导的场合要及时示弱

很多人觉得自己有才华，有本事，所以总是表现得非常出色。却不知你在获得别人的赞许和鼓掌的时候，你的领导心里会很不好受。尤其是你的领导和你的能力和才华不相上下的时候，你越表现得出色，越会让他们黯然失色。事实上，如果你足够的聪明的话，一定要及时得示弱，让你的领导高兴，让他觉得有资格做你的领导。否则，你的麻烦就来了。

2. 在有长辈的场合要学会低调些

通常情况下，长辈的资历比较老，也更应该受到你的尊重。所以在有长辈的场合下，千万不要争着出风头，否则会让你的长辈颜面无存，觉得没有必要再待下去而选择退场。因而，在有长辈在的时候，你要低调一些，要给与他们足够的尊重。尽管他们现在或许在某些领域不如你，但是他们曾经表现很优秀也是值得你肯定的。

3．权威人士在场的时候要犯错误

在权威人士在场的时候，你要及时犯个小错误，表现出你不如他们。否则，在这些领域，你表现得比他们还优秀，则会激发他们内心的不满，为了维护自己的面子，并力争把你比下去。这就给你带来了一定的麻烦。比如：某个人普通话说得非常好，得到了很多人的肯定，被评为了“楷模”，你如果和他争论某个字的发音，无疑是让他下不了台。

到处炫耀自己，只会成为别人嘲笑的对象

生活中，总有那么些人，在不停炫耀他们多么有本事，多么了不起。他们想通过自己的炫耀，让别人羡慕他，吸引别人靠近他。殊不知在他们要小聪明的时候，却适得其反，把自己的虚弱和无能暴露得一览无遗。如果你真的有本事，真的很了不起，别人自然能看得着，还需要你去证明吗？所以，到处炫耀自己的成功的人是可笑的、可耻的，甚至是可怜的，可悲的。被人嘲笑和讽刺也就见怪不怪了。

这几年，李英的生意是越做越大，自然交际面也是越来越广，所以时不时地约上一大帮朋友聚会聊天，沟通感情。事实上，和朋友们时不时的聚会，也是事业发展的需要。

恰巧碰到了国庆放假，李英约了一大帮朋友们一起来家中聚餐。其中有一个朋友叫做王乐，最近发了一笔小财，情绪高涨，动不动就向别

人炫耀这件事情，夸耀他这次赚了多少多少钱，自己多么有本事。按理说把自己的快乐跟朋友分享是理所当然的事情，可是这种场合人非常的杂，弄不好会引起不必要的麻烦。因此在聚会之前，李英事先交代过，让他低调一些，以免引起别人的厌恶。

聚会当天，大家在一起非常热闹，几杯酒下肚，王乐便云里雾里，把李英的叮嘱忘在了脑后面，再次在大家面前提及了自己的“杰作”，大肆炫耀自己如何决策，如何成功地做好了一笔生意，得到了多少亲戚朋友的赞许。

刚好席间有个叫作郑浩的朋友，最近生意失败，赔了一大笔钱，心情非常郁闷。听了王乐的话，非常的不自在，一会儿站起来散散步，一会儿去趟洗手间。李英见状，不断地向王乐使眼色，但是，此时的王乐沉浸在自我的陶醉之中，哪还想得起李英曾经的叮嘱。

郑浩非常尴尬，坐也不是，站也不是，最后只好找了个借口，提前走了。临出门时，他抱怨说：“会赚钱有什么了不起，也不至于在别人面前吹吧，有什么了不起！”

说来也巧了，没过多久，王乐的一笔生意栽在了手里。事实上，他的客户正是和他一起参加聚会的郑浩。郑浩受了王乐的羞辱，心里非常不服气，于是处心积虑地给王乐下了个套。这一次，王乐尝到了失败的滋味。

故事中的王乐因为一次的成功，在朋友们中间不停地炫耀，结果正值郑浩生意失败之际，说者无意，听者有心，他的炫耀让郑浩觉得他是针对自己的。后来给他设置了圈套，实行了报复。可见，到处炫耀自己的成功是多么愚蠢的行为，无缘无故的给自己找了个冤家，给自己带来了非常严重的麻烦。那么，当你取得一定程度上的成功之后，究竟该如何淡然处之呢？

1. 练习性格，让自己沉稳一些

通常，到处炫耀自己成功的人，往往性情很浮躁，做事情不成熟。因为一个成熟的人不会四处招摇，不会因此而给自己带来不必要的麻烦。所以，平日里多练习稳定性格，让自己变得成稳一些，成熟一些。这样，你就不会去做这种炫耀自己取得的成就的傻事情。当然，练习稳定性格除了读书之外，还需要修身养性。

2. 看淡输赢，让自己淡定一些

很多人对输赢很在乎，赢了便要四处炫耀，让更多的人知道，输了便垂头丧气，一蹶不振。事实上，输赢对于你来说真的那么重要吗？或许未必。输赢只不过是常态，这个阶段赢了，并不代表你能在下个阶段赢。大起大落，大喜大悲都不是显示一个人的成熟。与其喜怒无常，不如把输赢看淡一些，让自己淡定地面对成败。

3. 戒骄戒躁，让自己谦虚一些

往往一个骄傲自满的人才会在大庭广众之下炫耀自己，因为这样能最大程度上满足他们内心的虚荣。但是，你在炫耀的同时，也把自己推到了风口浪尖上，因为你的炫耀让别人看到了你成功的一面，当有朝一日你失败的时候，他们便会看你笑话。更何况你在骄傲自满之后，便会消极怠工，这样在很大程度上会影响你做事的热情。紧接着的失败也就不足为奇了。

4. 持续努力，让自己亢奋一些

如果你看到自己取得了一些成就就感到满足，那么错过了这个节奏，你下一次再去努力的时候便会找不到感觉，再加上你的自满也会大大地减低你的努力程度。要想让自己从自满的情绪中走出来，那么就要持续努力，让自己亢奋一些，一鼓作气，取得更大的成就。其间你也不会因为炫耀去浪费时间和精力。

参考文献

[1] 明理故事编委会. 说话和做人的智慧 [M]. 成都：四川科技出版社，2016.

[2] 李安. 这样说话最受欢迎 [M]. 北京：中国城市出版社，2010.

[3] 牧原. 做人的分寸，做事的尺度 [M]. 北京：台海出版社，2015.

[4] 刘斌. 所谓情商高，就是会做人 [M]. 西安：西安出版社，2018.